LA SCIENCE

DE

LA LÉGISLATION,

Par M. le Chevalier GAETANO FILANGIERI.

Ouvrage traduit de l'Italien, d'après l'édition de Naples, de 1784.

TOME PREMIER.

A PARIS,

Chez CUCHET, rue & Hôtel Serpente.

M. DCC. LXXXVI.

Avec Approbation & Privilége du Roi.

Οὐκ ἔϛιν ὐδὲν κρεῖττον ἢ νόμοι πόλει καλῶς τιθέντες·

Nihil est civitati præstantius , quam leges recte positæ. Eurip. in Supplicib.

PRÉFACE
DU TRADUCTEUR.

L'OUVRAGE dont nous offrons la traduction au public a commencé de paroître en Italie en 1780. Cinq éditions publiées succeſſivement à Naples, à Florence, & à Milan, atteſtent la célébrité dont il jouit dans le pays de la terre où la ſcience des droits & des devoirs de l'homme eſt cultivée avec le plus d'ardeur, & peut-être même avec le plus de ſuccès.

Réunir en un corps de lois les grandes vérités morales que nous devons au génie & au courage de

a ij

quelques philofophes anciens &
modernes ; les enchaîner ou les diftribuer avec méthode , & par ce
moyen diffiper tous les doutes qui
pourroient obfcurcir les droits de
l'humanité ; combattre les principes
deftructifs de l'ordre focial, fans
ménagement pour l'erreur ou le
crime qui les fit naître, pour l'ignorance ou la foibleffe qui les défendit , pour les intérêts particuliers
& les préjugés de toute efpèce qui
les foutiennent encore dans plufieurs Empires de la terre ; en un
mot, éclairer la confcience publique fur les lois de la nature , &
développer aux hommes cet ordre
immuable & fimple de rapports
moraux qui les lient par leurs
befoins , comme par une chaîne

univerſelle : tel eſt l'objet de cet Ouvrage.

Deſtiné principalement à l'inſ-truction de ceux qui n'ont acquis, ſur la morale légiſlative , que quel-ques notions, ſouvent même inexac-tes , ce traité n'enrichira peut-être d'aucune idée nouvelle des philo-ſophes qui ont déjà conſacré leur vie à la méditation & à la défenſe des droits de la nature , & dont l'eſprit a épuiſé depuis long-temps toutes les combinaiſons poſſibles des vérités & des erreurs. Mais , malheureuſement pour l'eſpèce hu-maine , la lumière n'a pas encore été portée aſſez loin, pour que ce Livre n'ait d'autre avantage que de rappeler des idées acquiſes à un grand nombre de perſonnes.

Cet Ouvrage aura peut-être le bonheur de rendre communes plusieurs vérités morales. La manière dont il est composé semble devoir fortifier cette espérance. La raison de l'Ecrivain, s'il est permis de s'exprimer ainsi, y est plus au niveau de la raison publique, que dans beaucoup d'autres traités de morale législative. Il n'élève ses principes qu'à une hauteur où tous les esprits puissent atteindre ; il donne d'ailleurs à son style cette abondance, ce mouvement, & cet éclat qui annoncent que l'on veut parler aux hommes, & que l'on peut s'en faire écouter. Souvent même il marche environné de toutes les forces de l'éloquence, parce qu'il est persuadé sans doute que si l'esprit philosophique découvre la vérité, ce n'eſt pas lui qui la rend *populaire*.

Nous ne dirons rien du plan de cet Ouvrage ; on le trouvera à la ſuite de l'introduction. Il eſt diviſé en ſept Livres, dont l'Auteur a déjà donné au Public les quatre premiers. Nous ferons paroître ſucceſſivement les volumes qui ont été publiés, & ceux que l'on publiera dans la ſuite.

Quant à la manière de procéder de l'Auteur, nous nous contente-rons d'obſerver qu'il commence par établir des regles fondamentales, dont il déduit toute la théorie du ſyſtême légiſlatif. Peut-être auroit-il été poſſible, après en avoir dé-montré la vérité avec plus de ri-gueur, de reſſerrer tout à la fois & ces principes & leurs conſéquences :

par ce moyen, les uns auroient eu plus d'exactitude, de profondeur, & de fécondité, & les autres plus de précifion & de jufteffe. Nous prendrons la liberté de développer ailleurs nos idées, & fur les principes en eux-mêmes,& fur les conféquences, parce qu'indépendamment de l'ordre de la déduction, les uns & les autres nous ont paru quelquefois fufceptibles de grandes difficultés. Ce fera l'objet de plufieurs *obfervations* qui paroîtront après le dernier volume de cet Ouvrage. Cette forme eft préférable à celle des notes, parce qu'elle offre un moyen plus fûr de décompofer & de recompofer les idées principales.

TABLE

DES CHAPITRES

Contenus dans ce volume

LIVRE PREMIER.

Des règles générales de la Science de la Législation.

Fin de la Table.

INTRODUCTION.

Q̲U̲E̲L̲S̲ objets ont fixé jufques dans ces derniers temps l'attention des Souverains de l'Europe ? Des arfenaux formidables , des troupes nombreufes & bien aguerries , tous les calculs qui ont fi long-temps agité les confeils des Princes, n'ont eu pour but que la folution de ce problème : *Quelle eft la manière de tuer la plus grande quantité d'hommes dans le moins de temps poffible.*

On n'a pas fongé à donner une récompenfe au Cultivateur intelligent, qui , par fon travail ou par des procédés nouveaux , a trouvé le moyen d'accroître la richeffe publique ; mais on a propofé pour objet de prix la découverte d'une *évolution* plus meurtrière , & l'on a doublé la paye du foldat qui a eu l'habileté de charger un canon dans l'efpace de quatre fecondes : nous avons fait à cet égard des progrès fi rapides , que nous fommes en état d'exterminer vingt mille hommes en quelques inftans. La perfection de cet art exécrable annonce fans doute un vice profond dans le fyftême de tous les Gouvernemens.

Il y a plus d'un demi-fiècle que la philofophie combat avec courage ce fanatifme militaire ; il y a plus d'un demi-fiècle que les philofophes s'efforcent d'appeler l'attention des Souverains fur des objets plus utiles ; & depuis Montefquieu , il n'a paru aucun Ecrivain qui n'ait dénoncé aux hommes la néceffité d'une réforme dans la Légiflation. « Prefque tous les Ecrivains » d'un pays & d'un fiècle, dit un homme » célèbre , font entraînés & formés » par ce qui les entoure. La nature , » dans chaque époque, imprime, pour » ainfi dire , le même cachet à toutes les » ames ; les mêmes objets leur communiquent les mêmes idées (1) ».

____

(1) Effai fur les Eloges , chap. 21.

La Légiſlation eſt aujourd'hui l'objet unique des méditations du ſage. Les erreurs de la juriſprudence nous preſſent de toutes parts ; chaque philoſophe travaille à les détruire ; & d'un bout de l'Europe à l'autre , une ſeule voix ſe fait entendre , & elle dit aux peuples & aux Rois, que la Légiſlation de l'ancienne Rome ne convient plus aux Etats de l'Europe.

Cette réclamation univerſelle , ce cri de la raiſon eſt enfin parvenu juſques aux trônes ; & bientôt on a vu s'ouvrir un nouvel ordre de choſes. Les Princes ont commencé de ſentir que la vie & la tranquillité des hommes doivent inſpirer plus de reſpect à ceux qui les gouvernent , que la ſource de la véritable grandeur n'eſt pas dans la force & dans les armes, & que la ſageſſe des lois, ſeul appui de la félicité publique , dépend de l'uniformité des principes qui les conſtituent , uniformité qu'on ne peut retrouver au milieu d'une

Légiſlation compoſée ſucceſſivement , dans un intervalle de vingt-deux ſiècles, par différens Légiſlateurs, pour différentes nations , & qui porte tout à la fois le caractère de la grandeur de Rome & de la barbarie des Lombards (1).

Ce ſeroit avoir déjà fait ſans doute un très-grand pas dans la carrière de la félicité publique, que d'avoir ſeulement démontré aux Souverains la néceſſité d'une réforme dans la Légiſlation : mais le temps a fait éclore un ordre de choſes plus favorable peut-être ; tous les obſtacles qui s'oppoſoient à cette révolution, ſont détruits.

Le peuple n'eſt plus eſclave , & les nobles n'en ſont plus les tyrans. Dans la plus grande partie de l'Europe , le deſpotiſme a fait fuir devant lui l'anarchie féodale , & les mœurs , à leur

______

(1) On peut fixer le premier âge de la Légiſlation à l'époque où furent publiées les lois des douze tables , c'eſt-à-dire , à l'an de Rome 303.

tour ,

tour, ont affoibli le defpotifme. Si le coloffe de la féodalité n'eût pas été d'abord ébranlé dans fes fondemens, quelle puiffance eût recréé les lois fur de nouveaux principes ? Dans le temps que la plus grande partie du genre humain étoit le plus avilie , que tous les droits étoient incertains, que la force commandoit fur les débris de la juftice, que la chaîne de l'oppreffion s'étendoit fur tous les hommes , parce que ceux qui devoient obéir aux lois étoient plus puiffans que ceux qui les publioient ; dans le temps que des haînes inévitables entre des voifins foibles & jaloux, arrê-toient la communication des peuples; que toutes les villes & toutes les con-trées élevoient au milieu d'elles des murs de féparation , comment auroit-on pu réformer tant de lois , & réunir tant d'intérêts contraires ? qui auroit eu le courage , au milieu des ténèbres qui environnoient un Gouvernement

militaire & féroce, de confidérer avec
attention un objet fi difficile à démêler
dans toutes fes parties ? qui auroit ofé
combiner ces rapports ? Les Rois,
dépouillés de la plus grande portion de
l'autorité publique, ne pouvoient manifefter leur volonté que pour attefter
leur foibleffe. Les nobles, qui avoient
rompu le lien qui jadis les uniffoit à
l'Etat, étoient alors trop puiffans pour
fupporter une réforme dont les premiers
coups devoient porter atteinte à leurs
ufurpations. Le refte des citoyens étoit
abandonné à cet aviliffement de l'ame
& à cette dégradation de l'efprit, qui ne
permettent d'éprouver ni le défir du
bien, ni le courage de l'action.

Comme l'Etat, alors divifé en un grand
nombre de fiefs, n'offroit que des parties abfolument féparées les unes des
autres, le talent, privé de communication, étoit forcé de fe renfermer
dans un cercle étroit de connoiffances ;

les petits intérêts qui occupoient l'efprit humain , devoient même en affoiblir les refforts & nuire à l'étendue des idées. La Légiflation étoit donc un objet trop fublime pour des hommes accoutumés à ne connoître d'autre ciel que celui qui les avoit vu naître , ni d'autre forte de Gouvernement & d'autres intérêts que ceux de l'oppreffeur dont ils portoient la chaîne : dans cet état de chofes, on n'auroit vu paroître ni un Locke , ni un Montefquieu , ni aucun de ces hommes qui doivent préparer & raffermir , par leurs lumières , l'ouvrage des Légiflateurs & les grandes opérations du Gouvernement. Pour détruire ces obftacles, pour donner aux efprits le degré d'élévation néceffaire à cet objet important, il falloit que de grands Souverains s'occupaffent d'abord à réunir tant de matériaux difperfés , & à rétablir entre les hommes les liens qui forment l'état focial; mais il falloit fur-tout que les hommes, fatigués de l'efclavage , défiraffent d'en

b ij

fortir , puifque la nature a défendu à l'efclave de penfer (1).

Il reftoit encore un autre obftacle à furmonter : l'utilité publique exigeoit la deftruction de toutes les caufes nuifi-fibles aux progrès des lumières, deftruc-tion fans laquelle toute réforme, fur-tout dans les lois , auroit été imparfaite & funefte. Après avoir affoibli la puiffance des nobles, il falloit donc avant tout diffi-per les erreurs que tant de fiècles avoient confacrées. C'eft pour créer cette révo-lution que la philofophie eft venue au fecours de l'autorité. La fuperftition n'exifte plus : cette ennemie éternelle de toute innovation utile , ce levier puiffant qui agite la terre , & dont le point d'appui eft dans le ciel ; ce tyran des efprits , qui, dans tous les fiècles, a déclaré la guerre à ceux qui , pour le bien public , mais pour leur propre

---

(1) Homère dit que Jupiter ôte à l'homme la moitié de fon ame , le jour qu'il le fait efclave.

malheur , ont été condamnés par la nature à être de grands hommes ; ce monſtre , qui, dans la Grèce, condamna Socrate à la mort , chargea de chaînes Anaxagore , punit de l'exil Démétrius de Phalère; qui , en Hollande, éleva le bûcher où les ouvrages de Deſcartes devoient être immolés au fanatiſme d'un miniſtre imbécille ; qui, en Angleterre, perſécuta Roger Bacon; qui, en France, accuſa Gerbert de magie , & troubla juſqu'à la cendre de ces paiſibles réformateurs de la philoſophie : la ſuperſtition, qui, éternifant parmi les hommes l'ignorance & l'erreur , auroit empêché ou perverti la réforme des lois , la ſuperſtition a diſparu du milieu des Gouvernemens de l'Europe. La religion que , pendant tant de ſiècles , le fanatifme avoit ſouillée du ſang des hommes , & outragée par les longues infortunes des peuples, eſt devenue ce qu'elle doit être , & ce qu'elle fut dans ſon origine , le lien de la paix & la baſe des

vertus fociales. La difcipline eccléfiafti-
que n'attente plus aux droits de l'autorité
fouveraine ; l'Etat eft plus tranquille,
& l'Eglife a repris fon ancienne dignité.

La révolution eft devenue générale.
Les fyftêmes politiques ont perdu ce
caractère de férocité & cet efprit d'intrigue qui femoient parmi les nations
les malheurs & les crimes. On n'entend
plus répéter ces maximes infidieufes,
préfentées avec myftère & d'une manière
équivoque par un politique qui a obtenu
les éloges des hommes dont il a trahi
tous les droits. Qu'un nouveau Machiavel ofe dire aujourd'hui qu'un Prince,
qui veut affermir fa puiffance, doit fa-
voir commettre un crime lorfque les
circonftances l'exigent, s'occuper ex-
clufivement de l'augmentation de fon
revenu particulier, & diffiper fans fcru-
pule le revenu public ; ne remplir fes
engagemens que lorfque l'exécution lui
en eft utile ; ne pas être vertueux,
mais le paroître ; que, fous le mafque
de l'humanité, de la fidélité, & de

la juſtice , il doit apprendre à cacher tous les vices contraires ; qu'il
ne peut , comme les autres hommes ,
conformer toutes ſes actions aux règles du juſte & de l'honnête , parce
que les beſoins de l'Etat l'obligent très-
ſouvent d'agir contre l'humanité &
contre la religion ; qu'il doit prendre
conſeil des circonſtances ſeules ; être
juſte s'il le peut , mais auſſi commettre
le mal ſans crainte , lorſque le mal eſt
utile à ſes deſſeins : que ce nouveau
Machiavel s'efforce enfin de faire croî-
tre les vices autour du trône , l'humanité tout entière ſe ſoulevera contre
lui , & l'indignation publique ſera la
juſte récompenſe de ſa baſſeſſe.

Les hommes pouvoient - ils donc
former des vœux pour la réforme des
lois, dans un ſiècle où ceux qui devoient
en former le projet & en diriger l'exécution , penſoient & s'exprimoient de
cette manière ?

La morale doit preſque tous les

progrès qu'elle a faits depuis cette époque, à un avantage, qui étoit, pour la raison, de tous les biens le plus nécessaire peut-être, mais en même temps le plus difficile à obtenir : c'est le droit de dire impunément la vérité, & de faire entendre sa voix aux chefs des nations.

On sait que, dans ces derniers temps, le sujet d'un grand Roi de l'Europe, choisi pour parler à son Prince dans la cérémonie la plus auguste de l'Etat, au moment de son sacre, moment où, dans d'autres siècles, on resserroit les chaînes des peuples, eut le courage de saisir cette circonstance pour appeler son Roi devant le tribunal de l'opinion publique, lui apprendre que ce tribunal devoit un jour le juger, & qu'il osa lui faire apercevoir de près le point où finissent ses droits, & où commencent ses devoirs (1). Ce langage, qui sembloit

______

(1) Voyez le discours de M. de Boisgelin, Archevêque d'Aix, prononcé devant Louis XVI, le jour de son sacre à Reims.

s'être perdu parmi les hommes , depuis que Rome & la Grèce avoient ceſſé d'être libres , eſt devenu le langage de tous les Ecrivains. Si l'habitude de cacher la vérité aux regards des Princes , eſt la cauſe féconde des malheurs qui ont toujours affligé l'eſpèce humaine ; ſi , dans tous les ſiècles , le ſilence a été le garant de la tyrannie & des déſordres ; ſi enfin, pour obtenir une réforme dans la Légiſlation, il falloit d'abord s'élever contre la bizarrerie & l'incohérence des lois anciennes, & expoſer avec énergie les déſordres d'une mauvaiſe adminiſtration, ce n'eſt pas un petit obſtacle que celui que nous avons ſurmonté , en acquérant le droit de penſer & d'écrire avec cette liberté qui honore également, & les Princes qui ne la redoutent pas , & ceux qui ſavent en faire uſage (1).

Après avoir donc éloigné de nous

---

(1) *Rara temporum felicitate , ubi ſentire quæ velis , & quæ ſentias dicere licet.* Tacit. hiſt. lib. 1.

ce grand nombre d'obſtacles , il ne reſte plus qu'à entreprendre la réforme de la Légiſlation. C'eſt là, ce me ſemble, le ſeul objet qui puiſſe conſommer l'ouvrage de la félicité publique ; & les circonſtances paroiſſent elles-mêmes en avoir préparé l'exécution.

L'Europe , théâtre de guerre & de diſcorde pendant onze ſiècles ; écraſée ſous les ruines de l'Empire romain ; après avoir vu ſes malheureux habitans fugitifs & diſperſés devant les armes victorieuſes d'Attila ; après avoir vu ſon ſein déchiré par l'établiſſement des barbares , les incurſions des Normands , l'anarchie des fiefs , les guerres ſacrées des Croiſades , les luttes continuelles du Sacerdoce & de l'Empire , les diſputes religieuſes qui ont altéré la morale & perpétué l'ignorance ; opprimée enfin par la tyrannie d'une infinité de petits deſpotes ; couverte de fanatiques & de guerriers , & brûlant de tous côtés du feu des partis & des guerres civiles : l'Europe eft devenue l'empire de la paix & de la raifon. La ftabilité des Monarchies, formée par une forte de ligue & de confédération générale, en oppofant une barrière à l'ambition des Princes, les force de tourner leurs regards vers les véritables intérêts des nations. On n'entend plus retentir autour des trônes de l'Europe que les mots de réforme & de lois : il fe prépare une révolution utile aux droits & au bonheur des hommes : les défordres fous lefquels ils gémiffent, ont paru, aux yeux des Souverains, avec les fignes effrayans qui les accompagnent : leurs oreilles ne font plus frappées, comme autrefois, par le bruit des armes ; & ils ont entendu les gémiffemens d'une foule de victimes qu'immole chaque jour une Légiflation obfcure & artificieufe : déjà l'on s'occupe de toute part à guérir tant de maux ; de toute part une fermentation falutaire va faire éclore le bonheur public. J'oferai donc concourir à la perfection de ce grand ouvrage.

La gloire de l'Ecrivain est de préparer des matériaux utiles à ceux qui gouvernent. Les Princes n'ont pas le temps d'acquérir des lumières. Forcés à un travail continu, un grand mouvement les agite, & leur ame, pour ainsi dire, n'a pas le temps de se fixer sur elle-même. Ils doivent donc confier à d'autres hommes le choix des moyens propres à faire naître & à faciliter les travaux de l'autorité publique. Cet emploi sacré appartient aux Philosophes, aux Ministres de la vérité.

Je ne sais, il est vrai, par quelle funeste destinée l'homme de lettres n'est pas toujours admis à discuter devant les Princes les grands intérêts de l'Etat. Ce n'est pas à lui qu'il est donné de pénétrer dans cette assemblée auguste où préside le Souverain, & d'y défendre les droits de l'homme. Paisible & solitaire, le philosophe n'a que le pouvoir de confier son ame à ses écrits, interprètes muets de ses sentimens : mais l'on doit former de grandes efpérances, dans un fiècle où l'efprit d'inftruction n'eft plus regardé comme incompatible avec l'efprit de la royauté , & où l'imagination n'eft plus arrêtée dans fon effor rapide par les barrières que le defpotifme a coutume de lui oppofer. C'eft ce motif qui m'a fait entreprendre un ouvrage fi difficile : en écrivant fur la Science de la Légif-lation, mon objet n'eft que de faciliter aux Souverains de ce fiècle la perfec-tion d'un nouveau fyftême de lois.

Il eft bien étonnant que dans ce grand nombre d'Ecrivains qui fe font confa-crés à l'étude des lois, les uns n'aient traité cette matière qu'en fimples Jurif-confultes , les autres en politiques , quelques-uns en littérateurs ; c'eft-à-dire , que chacun d'eux n'ait confidéré qu'une partie de cet immenfe édifice ; que plufieurs d'entre eux, comme Mon-tefquieu , n'aient raifonné que fur les chofes telles qu'elles font ou qu'elles ont été , fans examiner comment elles auroient dû être ; que personne enfin n'ait encore donné un système complet & raisonné de Législation , & n'ait réduit cette matière à une science constante, unissant les moyens aux règles , & la théorie à la pratique. Ce sera l'objet de mon Ouvrage.

Chefs des nations , si vous devez quelque jour examiner mes principes & mes idées , je vous supplie , avec l'immortel Montesquieu, de ne pas condamner , dans une lecture de quelques instans, un travail de plusieurs années ; je vous supplie de ne point avilir du nom de novateur fanatique, ou d'esprit à système , un Ecrivain qui ose quelquefois abandonner les idées anciennes , pour chercher la vérité dans une époque moins éloignée de lui. L'homme, enrichi des découvertes de ses pères, a reçu l'héritage de leurs pensées. C'est un dépôt qu'il est obligé de transmettre à ses descendans , augmenté de ses propres réflexions. Si la plus grande partie des hommes méprife ce devoir facré, je protefte, moi, de le remplir avec courage, également éloigné de la pédanterie fervile de ceux qui ne peuvent fouffrir aucun changement, & de l'impudente bizarrerie de ceux qui voudroient tout détruire.

Cet Ouvrage fera divifé en fept Livres. Dans le premier, j'expoferai les règles générales de la Science de la Légiflation ; dans le fecond, je parlerai des lois politiques & économiques ; dans le troifième, des lois criminelles ; je développerai dans le quatrième cette partie de la Science de la Légiflation qui regarde l'éducation, les mœurs, & l'inftruction publique ; le cinquième aura pour objet les lois relatives à la religion ; le fixième, les lois relatives à la propriété ; le feptième enfin fera confacré à parler des lois qui ont rapport à la puiffance paternelle & au bon ordre de la famille. La multiplicité des

objets que renferme cet Ouvrage, m'o-
blige à en tracer d'abord le plan : la
compofition du tableau ne fera peut-être
pas affcz fimple; mais toutes les parties
en feront diftinctes, quoiqu'elles ne
foient pas dans leur grandeur naturelle.
Je prie le Lecteur de ne point négliger
l'examen de ce plan; il eft néceffaire à
la connoiffance du fyftême & de l'ordre
de cet Ouvrage, & il doit donner une
idée générale de toutes les parties qui
compofent le grand édifice de la Légiflation.

PLAN

PLAN RAISONNÉ

DE L'OUVRAGE.

IL n'eſt point de ſcience qui ne doive Lɪv. I. être précédée de quelques *données*, qui ſont comme la baſe de l'édifice que l'on veut élever.

CONSERVATION & TRAN-QUILLITÉ, tel eſt l'objet unique de la ſcience de la Légiſlation.

Des premiers principes de l'aſſociation primitive, & de la nature même de l'homme, nous déduirons cette vérité préliminaire, qui, dans la ſcience du Gouvernement, eſt le point auquel doivent aboutir toutes les opérations de l'autorité publique.

Mais l'homme ne peut ſe conſerver ſans moyens, & il ne peut être tranquille que lorſqu'il eſt ſûr de n'être pas inquiété. Ainſi, la poſſibilité d'exiſter, & d'exiſter d'une manière agréable ; la liberté d'accroître, d'améliorer, & de conserver sa propriété ; la facilité d'acquérir les choses nécessaires ou utiles à la vie ; la confiance dans le Gouvernement, dans les Magistrats, dans les autres citoyens ; la certitude de ne pouvoir être troublé, en agissant suivant les décrets de la loi : voilà les résultats du principe universel de la conservation & de la tranquillité. Chaque partie de la Législation doit donc se rapporter à l'un de ces résultats ; toute loi qui ne procure pas à la société un de ces bienfaits, est donc inutile.

Nous passerons ensuite au développement rapide des règles générales, sans lesquelles la science de la Législation n'auroit que des principes indéterminés & une marche incertaine.

C'est en distinguant avec précision la *boñté absolue* des lois, de leur *bonté relative* ; c'est-à-dire, les rapports de la loi avec les principes de la nature, des rapports de la loi avec l'état de la nation qui la reçoit ; en développant les principes plus généraux qui dépen-

dent de ces deux caractères de *bonté*
que doit avoir toute loi ; en obfervant
les conféquences qui en dérivent ; en
déduifant de là toutes les erreurs de
la Légiflation, la diverfité néceflaire, &
les fréquentes contrariétés de tous les
fyftêmes de loix , les variations des
Codes, la néceffité de les corriger , les
obftacles qui rendent difficiles ces réformes, les précautions qui diffipent ces
obftacles: c'eft en confidérant tous ces
objets, que nous donnerons une idée générale de la *bonté abfolue* des lois, & que
nous nous préparerons au développement de la théorie plus compliquée de
leur *bonté relative*; ce qui eft , pour ainfi
dire , l'affemblage de toutes les règles
générales de la fcience de la Légiflation.

Si cette bonté des lois confifte dans
leur rapport avec l'état de la nation à
laquelle on les donne, il faut donc voir
quelles font les parties conftitutives de
cet *état :* nous les trouverons dans la nature du Gouvernement, & par conféquent dans le principe qui le fait agir,

A 2

dans le génie & le caractère des peuples ,
dans le climat, dont l'influence eſt une
force toujours active & toujours cachée ,
dans la nature du ſol , dans la ſituation
des lieux , dans la plus grande ou la
moindre étendue du pays , dans l'enfance
ou la maturité du peuple , & dans la religion, cette puiſſance divine , qui, agiſ-
fant ſur les mœurs des hommes , mérite
de fixer la première l'attention du Légiſlateur.

Ceux qui liront ce livre, ne doivent
pas être ſurpris qu'on ait traité quelques-
uns de ces objets après l'Auteur de *l'Eſprit des Lois*, qui en a parlé d'une manière
ſi détaillée. Quand ils ſeront arrivés à
cette partie de mon ouvrage , ils verront
que le but que je me propoſe eſt tout différent de celui de cet Auteur.

Monteſquieu , dans ces rapports,
cherche l'eſprit des lois , & moi j'en
cherche les règles ; il s'occupe à montrer la raiſon de ce qu'on a fait, & moi
je tâche d'en déduire les règles de ce que
l'on doit faire. Mes principes mêmes ſeront
le plus ſouvent différens des ſiens , &

j'examinerai tous ces objets fous un autre point de vue. Ne cherchant que ce qui peut m'être utile, & abandonnant avec plaifir tout ce que le fafte fcientifique pourroit ufurper fur cette efpèce de fobriété qui doit régner dans les ouvrages confacrés à l'utilité générale, je renfermerai dans quelques pages une théorie qui, traitée d'une autre manière, demanderoit plufieurs volumes. Je ne dois pas oublier de dire que je fuis infiniment redevable aux travaux du grand Homme que je viens de nommer. Cette marque de reconnoiffance eft un tribut que j'offre à un Philofophe dont les penfées ont précédé les miennes, & qui, par fes erreurs même, m'a enfeigné le chemin qui conduit à la vérité.

Après avoir confidéré le rapport que doivent avoir les lois avec ces différens objets, nous en déduirons les règles générales de la fcience de la Légiflation. C'eft dans cette partie que l'on en rendra l'ufage propre à tous les Gouvernemens, à tous les climats, à tous les temps, à toutes les circonftances particulières de la situation, de l'étendue, de la fertilité d'un pays, du culte, du génie, de l'enfance ou de la maturité des peuples ; elle sera l'assemblage de tous ces principes généraux auxquels les principes particuliers doivent constamment être rapportés : c'est là que, généralisant les idées législatives, nous ferons voir les différens objets, les différentes vues, le ton différent que doit prendre la Législation chez les différens peuples, ou chez les mêmes peuples, mais dans des temps différens : c'est là que nous montrerons, dans la diversité des constitutions politiques, tous les vices qui y sont attachés, & la diversité des remèdes qui doivent les détruire ; le principe unique d'où naît le mouvement dans toute société, & la différence de direction qu'il faut donner à ce principe dans les divers Gouvernemens ; l'influence que doit avoir sur l'esprit d'une Législation, le génie universel des nations, l'esprit des siècles, & le caractère particulier du peuple à qui on la donne ; l'influence du climat, soit pour en seconder les effets, lorfqu'ils font utiles, foit pour les combattre, lorfqu'ils font dangereux : c'eft là que nous verrons de quelle manière la nature du fol, fa fertilité, fa ftérilité, fon étendue, fa fituation, doivent régler la partie *économique* de la Légiflation ; quelle différence doivent produire, dans le caractère des hommes, les dogmes impofteurs des fauffes religions & les principes du vrai culte ; comment, chez un peuple enchaîné par des erreurs religieufes, il faut foutenir d'une main ce qu'on veut détruire de l'autre ; & comment, au milieu d'une nation éclairée par les vrais dogmes, il faut garantir ces principes contre les impofteurs qui les altèrent, ou contre les mécréans qui les attaquent. Ce fera enfin cette partie de la Légiflation qui, nous faifant connoître les différens âges des peuples & les différens périodes de leur vie, nous montrera comment les lois doivent fuivre ces différens périodes, comment elles doivent s'adapter à leur enfance, fuivre les mouvemens de leur puberté, attendre l'époque favorable de leur maturité, en profiter, & prévenir celle de leur décrépitude & de leur mort.

Telles feront les premières vues de cet ouvrage.

Elles ne nous donneroient cependant qu'une idée confufe de l'enfemble, ou, pour mieux dire, de la furface feule de cet immenfe édifice : pour le bien connoître, il faut encore en obferver toutes les parties, confidérer les rapports que chacune d'elles doit avoir avec les autres, les matériaux dont elles doivent être formées, & les fondemens fur lefquels on doit les élever.

Nous commencerons donc par décompofer la grande machine de la Légiflation, afin d'obferver diftinctement les parties qui la compofent. Tout fera foumis à un examen rigoureux ; les objets les plus cachés & les moins connus ne feront pas négligés dans cette difcuffion. Nous parlerons d'abord des lois *politiques* & *économiques*.

La *population* & la *richeffe* font les objets de ces deux fortes de lois. L'Etat a befoin d'hommes, & les hommes ont befoin de fubfiftances ; leur nombre eft toujours relatif à leur bonheur. Ces deux objets, qui compofent la félicité nationale, ont donc une influence réciproque. C'eft fur la population que nous fixerons nos premiers regards.

·Après quelques courtes réflexions fur le fyftême de la Légiflation des anciens, & en particulier des Juifs, des Perfes, des Grecs, & des Romains, nous démontrerons que tous les efforts du Gouvernement pour encourager la population, font inutiles, lorfqu'on n'ôte pas les obftacles qui doivent l'arrêter. Le plus grand nombre des Légiflateurs eft tombé dans cette erreur. Si nous parcourons les poudreux & immenfes volumes qui contiennent le cahos de la Légiflation de l'Europe, nous ne trouverons pas un feul Gouvernement qui n'ait réfervé des prérogatives aux pères de famille, qui n'accorde des priviléges & des exemptions aux citoyens qui ont donné beaucoup d'enfans à l'Etat, & qui n'ait des lois dont l'objet eft d'augmenter le nombre des mariages.

Lɪv. II.

Mais malgré tant d'encouragemens, la stérilité de la nature se perpétue, la reproduction est lente, les mariages sont rares dans le sein même de la volupté. Chaque jour s'ouvre au milieu de nous un vaste tombeau, où une génération entière court s'engloutir avec toute sa postérité, & il manque encore à l'Europe plus de cent millions d'habitans qu'elle pourroit contenir. Après ces faits, que nous démontrerons par les calculs les plus exacts, qui pourra douter qu'il n'y ait sur cet objet un vice énorme dans tous les systêmes de Législation ?

Je ne nie pas que les moyens employés jusqu'à présent par les Législateurs, n'aient quelque degré d'utilité; mais l'intensité de ces foibles agens ne peut vaincre la résistance des obstacles qu'ils rencontrent.

Il faut donc découvrir ces obstacles, & trouver les moyens de les détruire: c'est à ces deux objets que nous réduirons la partie de la Législation qui regarde la multiplication de l'espèce.

En obſervant les malheurs des peuples,
& l'état déplorable de l'Agriculture ; le
luxe des Cours, & la miſère des campagnes ; l'excès de l'opulence dans quelques citoyens, & le défaut de ſubſiſ-
tances dans la plus grande partie ; le
petit nombre des *propriétaires*, & le
nombre immenſe des *non propriétaires* ; le
mauvais emploi du ſol, la bizarrerie
des lois, & l'eſprit avide de la fiſcalité ;
l'établiſſement des armées ſur pied, & le
célibat des gens de guerre ; le double obſtacle que cet abus oppoſe à la population,
& la terreur qu'il inſpire à la liberté du
citoyen : en obſervant l'origine & les
progrès de l'incontinence publique, la
pauvreté qui la fait naître, le célibat
forcé de quelques claſſes de citoyens qui
la fomente, les erreurs de la Juriſprudence qui la protégent, & la ſtérilité qui
en eſt la ſuite : en obſervant, dis-je, ces
maux, & d'autres ſemblables qui oppri-
ment l'Europe, nous trouverons aiſément
les cauſes deſtructives de ſa population,
& nous découvrirons enſuite les vérita-

bles remèdes qu'une fage Légiflation devroit leur oppofer.

Après avoir développé, dans cet ordre & fuivant ces principes, la partie des lois politiques & économiques qui concernent la multiplication des hommes, nous nous occuperons de l'autre objet de ces lois ; nous commencerons à parler des richeffes.

Si les richeffes étoient un objet ftérile pour la politique de quelques fiècles, où la pauvreté étoit le premier degré de la vertu de l'homme & du citoyen, elles font aujourd'hui le premier principe du bonheur des peuples. Cette réflexion nous conduira à l'examen d'une vérité qu'il nous importe effentiellement de connoître, & cette vérité eft que nous devons tout à la corruption., & que, pour arriver à la grandeur, il a fallu abandonner ces vertus qui y faifoient parvenir les anciens. Etrange prodige de l'inconftance & de la mobilité des chofes humaines ! L'induftrie, le commerce, le luxe, & les arts; tous ces moyens qui contri-

buoient autrefois à affoiblir les Etats,
& qui, peut-être, rendirent Tyr la proie
d'Alexandre, & Carthage celle de Scipion,
font devenus aujourd'hui les plus fermes
appuis de la profpérité des peuples. En
effet, depuis que le temps de la fonda-
tion & de la ruine des Empires eft paffé;
depuis qu'on ne trouve plus cet homme
devant lequel la terre fe taifoit; depuis
que les nations, enfin forties de cette
lutte continuelle de l'ambition contre la
liberté, fe font fixées elles-mêmes dans
un état de repos qui les invite à chercher
la félicité plutôt que la grandeur ou la
gloire; depuis que l'or eft devenu la
mefure de tout, que l'on calcule la
force des Empires, que les nations
agricoles & commerçantes règnent fur
les nations guerrières; depuis que le privilége exclufif d'un aromate, eft devenu la feule caufe de toutes les guerres de l'Europe; enfin, depuis que les
richeffes ne corrompent plus les peuples, puifqu'elles ne font plus le fruit de
la conquête, mais le prix d'un travail
affidu & d'une vie entièrement occupée;

depuis cette époque, dis-je, les richeſſes & les canaux qui les tranſportent ſont regardés avec raiſon comme le premier objet du ſyſtême légiſlatif.

Quels ſeront donc les ſoins du Légiſlateur ſur cet objet important ? Fixer les richeſſes dans l'Etat, & les diſtribuer avec équité. Mais quels moyens devra-t-il employer pour parvenir à ce double but ? Si l'agriculture, les arts, le commerce, ſont les trois ſources de richeſſes, quelle eſt l'eſpèce de protection qui leur convient ? laquelle de ces richeſſes mérite la préférence des lois ? quelles circonſtances doivent la déterminer ? comment eſt-il poſſible de combiner les progrès de l'une avec ceux de l'autre ? Protéger l'agriculture dans un pays agricole, ſans négliger les arts ; concilier ſes progrès avec les progrès du commerce ; étendre les vues de l'agriculteur ſur le commerce, & les vues du Négociant ſur la culture ; unir enfin tous ces objets par des rapports indiviſibles ? Quels ſont les obſtacles que leur oppoſent les abus de l'Adminiſtration, la manie réglementaire, l'abfurdité des lois civiles, la barbarie de ces Codes féodaux, où refpire encore l'ancien efprit de chaffe & de pâturage de nos aïeux, les attentats légaux contre la propriété perfonnelle & la propriété réelle, les vices de la procédure judiciaire, les abus du crédit public, l'aliénation des revenus du Prince, les dettes nationales, les priviléges exclufifs, les corporations, les fauffes maximes de politique, & le fyftême actuel des finances? Si ce fyftême erroné caufe en même temps la ruine de la population, de l'agriculture, de l'induftrie, & du commerce; s'il éloigne les hommes du mariage, dépeuple les campagnes, décourage l'Artifan, ferme les ports des nations, met en danger la sûreté du citoyen & la liberté de l'homme; s'il prive le voyageur du repos, & le marchand de fa propriété; s'il les expofe l'un & l'autre à tous les piéges d'une Légiflation artificieufe, qui feme les délits avec les prohibitions, & les peines avec les délits; s'il fépare les villes des villes, les bourgs

des bourgs, les villages des villages;
s'il répand la difcorde entre les membres
d'un même corps, & crée un état de
guerre entre les fujets d'un même Empire, & les enfans d'une même famille;
fi le droit des gens eft violé par ceux qui
devroient le défendre; fi les droits du
citoyen font attaqués par le citoyen,
ceux de l'homme d'Etat par l'homme
du Prince, ceux du Négociant par le Fi-
nancier; fi, en un mot, fous quelque
point de vue que l'on confidère le fyf-
tème actuel des impôts, on y trouve toujours la caufe prochaine de l'oppreffion,
de la misère, & de la ruine des peuples,
malgré l'efprit de modération & d'humanité de ceux qui les gouvernent; quelles
réformes la fcience de la Légiflation peut-
elle indiquer fur cet objet, & d'après
quels principes doit être établie la grande
théorie de l'impôt? Sur quels objets doit-
il être placé? quelle claffe y doit immé-
diatement contribuer? comment peut-il
être proportionné aux facultés du peuple?
par quels moyens doit-on le percevoir

fur

fur le produit net du revenu national ? de quelle manière peut-on connoître ce produit net ? comment diminuer le nombre des contribuables directs, en facilitant le payement de l'impôt ; combiner dans un nouveau fyftême la répartition la plus jufte avec la perception la plus facile, la moins coûteufe, & la moins arbitraire ; le foulagement du peuple avec l'opulence du corps politique ; la profpérité de l'agriculture, des arts, du commerce, en un mot, la richeffe de la nation avec la richeffe du Souverain ? comment faciliter, par ce moyen, la diftribution des richeffes ? quels obftacles arrêtent cette diftribution, & quelles font les atteintes qu'elle peut recevoir du luxe ? fous quel afpect le Légiflateur doit-il confidérer le luxe ? comment doit-il le diriger, fans bleffer la liberté du citoyen? de quelle manière peut-il, par fon intervention, prévenir l'excès de l'opulence, qui d'ordinaire entraîne à l'excès de la misère ? dans quel cas le luxe même, qu'on alimente par les reffources de l'induftrie étrangère, doit-il être regardé

comme un inſtrument néceſſaire à la proſpérité d'un Etat ? quelles ſont, en Europe,
les nations qui, dans le *luxe paſſif*, auroient dû voir le ſoutien de leur agriculture, de leur induſtrie, de leur commerce ?
Tel eſt en raccourci le tableau des principales matières renfermées dans le ſecond
livre de cet Ouvrage.

LIV. III. Si la population & les richeſſes ſont les
objets des lois politiques & économi-
ques, la ſûreté & la tranquillité ſont le
but des lois criminelles ; les premières
ont rapport à la conſervation, les autres
à la tranquillité des citoyens:

En développant ce qu'il faut entendre
par le mot de tranquillité, nous verrons
qu'elle eſt inſéparable de la ſûreté, laquelle ne peut être autre choſe que la
conſcience ou l'opinion d'un Citoyen qui
croit ne pouvoir être troublé, lorſqu'il
agit conformément aux ordres de la loi.
Or cette eſpèce de liberté politique qui
raſſure toutes les conditions & tous les
ordres de la ſociété, qui met un frein à
l'autorité du Magiſtrat, & défend le citoyen le plus foible par l'activité de toute

la force publique ; cette voix qui dit à l'homme puiſſant, *Tu es eſclave de la Loi,* & rappelle au riche que le pauvre eſt ſon égal ; cette force qui balance toujours, dans les actions de l'homme, l'intérêt qu'il pourroit avoir de violer la loi, par l'intérêt qu'il a de l'obſerver, ne peut être que le réſultat des lois criminelles. C'eſt donc ſur ce plan que nous traiterons cette partie de la ſcience légiſlative. Nous examinerons d'abord comment doivent être dirigées, dans un nouveau ſyſtême de lois, l'accuſation & la défenſe judiciaire ; quel devroit être l'ordre des jugemens criminels, les principes & les règles propres à en déterminer la procédure, la nature & la forme des actes qui devroient la conſtituer ; quels ſeroient les moyens les plus ſûrs d'extirper du ſein d'une nation le germe fatal des calomnies ; s'il conviendroit d'adopter ſur cet objet quelques lois des anciens ; ſi la lenteur des jugemens eſt favorable à la liberté du citoyen ; ſi c'eſt un uſage contraire à la liberté, que celui de traîner l'accuſé dans une priſon, avant d'être aſſuré du délit, & de l'y re-

B 2

tenir pendant toute la durée de l'inftruction ; fi le Magiftrat , fuivant la difpofition de la loi , peut d'abord priver le citoyen de fa liberté perfonnelle , afin d'acquérir enfuite plus à fon aife des preuves
de fon innocence ou de fon crime ; fi la
loi doit le fuppofer coupable , parce qu'il
a le malheur d'être accufé ; fi , avant de
le condamner , elle a droit de l'avilir par
les outrages & par la honte ; fi , dans les
feuls crimes capitaux , il pourroit être
permis d'exercer cet acte violent , mais
peut-être alors néceffaire, parce que,quel-
ques peines dont on menaçât l'accufé ,
quelque fûreté qu'on exigeât de lui , tous
ces moyens feroient infuffifans pour empêcher fa fuite ; fi , dans tous les autres
cas , il conviendroit d'adopter la loi
d'*habeas corpus* des Anglois ; quelles modifications elle pourroit recevoir , tant en
faveur de la liberté du citoyen , que pour
l'intérêt de la fûreté publique; dans quelles
circonftances on devroit exiger l'aveu du
coupable , quelle feroit la manière d'y procéder ; fi enfin il feroit plus jufte & plus
raifonnable de négliger cet aveu , que de

le lui arracher par la violence de la douleur.

Après avoir examiné les principes d'a-
près lesquels il conviendroit, dans une
sage Légiflation , de diriger l'ordre de la
procédure criminelle , de l'accufation , &
de la défenfe judiciaire; nous pafferons
aux principes propres à établir la nature
des actions que la loi devroit confidérer
comme délits , ainfi que la manière de
les punir; nous diftinguerons ceux que
l'on doit regarder comme publics, d'avec
ceux que l'on doit regarder comme privés ;
ceux qui bleffent la Divinité, le Souverain , le Gouvernement , l'ordre public,
la foi publique, le droit des gens ; & ceux
qui attaquent la sûreté particulière du
citoyen , fa vie fon honneur , fes biens,
fa propriété , & tous fes droits. Nous examinerons enfuite comment la loi devroit
proportionner la peine à chaque efpèce
de délit ; comment la fanction légale devroit conftater la perfonne du délinquant,
les circonftances du délit , la facilité de
le commettre , le dommage qui en réfulte,
le plus grand ou le moindre efpoir d'im-

punité qu'il inspire , le concours des événemens malheureux qui ont entraîné le
coupable dans le crime ; de quelle manière, en quel temps , & avec quelle modération le Législateur doit faire usage
des peines capitales; pour quels délits il
conviendroit & il seroit nécessaire de
prescrire la peine d'infamie ; comment
cette peine devroit suivre l'opinion publique, & non la détruire ; avec quelle
réserve, quelle solennité , quelle modération le Législateur devroit en faire usage;
comment l'infamie diminue à mesure que
le nombre des gens infâmes augmente;
comment devroient être prescrites les
peines pécuniaires ; si elles pourroient aussi
avoir lieu dans le plan d'une bonne Législ-
lation criminelle; si, voulant faire usage
de ces peines, on doit avoir égard & aux
richesses de l'offenseur & aux richesses
de l'offensé, ainsi qu'à la nature du délit;
si les peines qui privent le coupable de la
communication des autres citoyens , &
le rendent utile à la société , font pré-
férables à toutes les autres ; si , dans la
somme des délits , il en est quelques-uns

que le Législateur ne doive pas punir ; si, dans les délits secrets, la proportion avec les peines peut être altérée par le plus grand espoir de l'impunité que ces délits inspirent ; si, dans les vrais délits de félonie, & non dans ceux auxquels le despotisme a donné ce nom, il convient de mettre pour un instant un voile sur la modération, comme on couvroit autrefois les statues des Dieux ; enfin, si l'impunité est l'effet nécessaire de la rigueur excessive des lois pénales, & si la certitude d'une peine médiocre a plus de force pour éloigner l'homme des délits, que la crainte d'une peine plus grande, lorsque cette crainte est unie à l'espoir de l'impunité. Tous ces objets seront traités dans le troisième livre de cet Ouvrage : nous passerons ensuite aux lois qui concernent l'éducation, les mœurs, l'instruction publique, lesquelles seront comprises dans le quatrième livre.

Si les lois criminelles préviennent les Liv. IV. délits en effrayant le citoyen par l'appareil des peines, elles ne peuvent certainement créer les vertus. Cette espèce d'honnêteté

négative qui eſt le fruit de la crainte, con-
ſerve toujours le caractère de ſon origine ;
elle eſt puſillanime, vile, foible, & incapable de ces efforts que demande la
hardieſſe, la liberté de la vertu, lorſqu'elle
eſt inſpirée par de grandes paſſions.

La crainte pourra donc diminuer le
nombre des coupables, mais elle ne fera
jamais naître des héros : cette production ſublime ne peut être l'effet que du
concours de pluſieurs autres forces dirigées vers cet objet unique. L'éducation,
conſidérée comme la première de ces
forces, mérite d'abord notre attention ;
elle eſt ou publique ou privée. La première appartient au Gouvernement, la
ſeconde appartient aux chefs de la famille :
les lois ne peuvent diriger que la première,
parce qu'elles ne doivent pas pénétrer dans
l'enceinte des foyers domeſtiques. Ici le
père eſt Roi, Magiſtrat, Légiſlateur pour
tout ce qui regarde l'éducation des enfans.

Puiſque les lois ne peuvent diriger que l'é-
ducation publique, & que d'elle ſeule néanmoins peut naître l'uniformité d'inſtitution,
de préceptes, & de ſentimens, elles ne doi-

vent abandonner à l'éducation domeſtique que le plus petit nombre des citoyens. Pour remplir cet objet, nous propoſerons un plan d'éducation publique, relatif à toutes les claſſes de l'Etat. Je prévois qu'au premier aſpect cette idée ſera conſidérée comme le fruit des lentes & pénibles recherches d'un Philoſophe qui croit tout circonſcrire dans le petit cercle de ſes penſées : mais lorſque l'on verra ce plan développé, lorſque l'on connoîtra les moyens de le mettre en exécution, & que l'on ſaura que ces moyens ſont les plus ſimples & les plus faciles ; alors j'eſpère qu'on en jugera d'une autre manière, & que l'on conviendra, pour l'honneur de l'Ecrivain, que ſon plan n'eſt point un vain projet.

Paſſant enſuite à la direction des paſſions, nous ferons l'analyſe de la ſeconde force productive des vertus. Sans la connoiſſance & l'uſage de cette force, la Légiſlation ſera toujours l'objet le plus informe, le plus inutile, & même le plus dangereux qui puiſſe ſortir de la main des hommes. Cette partie ſera une des plus intéreſſantes de l'Ouvrage , parce que c'eſt d'elle que dépend la ſolution de tous les problèmes moraux de la ſcience légiſlative , la réfutation de pluſieurs erreurs que la politique de ce ſiècle a malheureuſement adoptées , malgré le progrès des lumières & l'établiſſement d'une vérité qu'il nous importe ſur-tout de connoître , mais qui a beſoin d'être développée fort au long , parce qu'elle heurte un préjugé très-commun.

Tout le monde croit que la vertu ne peut exiſter au ſein de l'opulence nationale, & c'eſt peut-être à cette opinion funeſte que nous devons l'état déplorable de notre Légiſlation. L'humanité ſera-t-elle donc néceſſairement dans la cruelle alternative d'être pauvre ou corrompue ? Aujourd'hui que les richeſſes ſont néceſſaires à la conſervation & à la proſpérité des Etats, la vertu devra-t-elle être exclue de la ſociété ? L'agriculture, les arts, & le commerce ne pourront - ils pas être exercés par des mains honnêtes ? Le luxe même , qui , en ce moment, eſt néceſſaire à la diſtribution des richeſſes , ſera-t-il incom-

pàtible avec les bonnes mœurs? L'efprit
guerrier & féroce des anciens, parce
qu'il étoit uni à l'efprit de frugalité, de-
voit-il être plus propre à la vertu que ce
caractère pacifique & laborieux des modernes, uni au goût du luxe? Telle eft en
effet l'opinion commune des moraliftes;
mais nous prendrons la liberté de démontrer que c'eft là plutôt leur erreur commune; nous ferons voir que cette idée,
affligeante pour l'humanité, n'a pu naître
parmi les Philofophes, que parce qu'ils
ont ignoré que ces différentes routes,
contraires en apparence, dérivent du
même point & conduifent au même but;
nous montrerons comment une fage
Légiflation, en fe fervant du grand mobile du cœur humain, en donnant une
direction telle que l'état des chofes l'exige,
à cette paffion dominante d'où dépendent
toutes les autres, à cette paffion qui eft
en même temps le germe fecond de tant
de biens & de tant de maux, de tant d'affections utiles & de tant d'habitudes dan-
gereufes, en fe fervant, dis-je, de l'*a-
mour de foi*, pourra allier la vertu aux

richeffes , de la même manière dont les Légiflateurs anciens furent l'introduire dans leurs armées.

Après avoir développé la grande théorie de la direction des paffions, d'où dépend celle des mœurs , nous tournerons nos regards fur l'inftruction publique , qui forme le troifième objet de ce quatrième livre. Qui ne voit pas l'influence de cette inftruction fur la profpérité des peuples , leur liberté, & leurs mœurs même ? Si l'homme , dirigé & perfuadé par la raifon, agit avec plus d'énergie que lorfque la force ou la crainte le pouffent, fans qu'il fache où il eft conduit ; fi les temps d'ignorance ont toujours été des temps de férocité, de baffeffe , & d'impoftures ; fi le défaut de lumières , jetant un voile épais fur toutes les chofes, rendant incertains tous les droits, altérant & corrompant les maximes & les dogmes, a fouillé de fang le trône & les autels , a fait naître les tyrans & les rebelles , a donné aux erreurs tant de martyrs , à la vérité tant de victimes , au fanatifme tant de bûchers, aux impofteurs tant de profé-

lytes, à la religion tant d'hypocrites &
d'ennemis; si, dans les ténèbres de l'i-
gnorance, le Prince n'est jamais sûr du
peuple, ni le peuple du Prince; si le respect n'est que bassesse, l'obéissance que
crainte, l'empire que force; si la magistrature est arbitraire; si les erreurs sont éternelles & respectées, les réformes dange-
reuses & tournées en ridicule; si l'opinion
publique est méprisée; si l'administration
devient le patrimoine des adulateurs qui
environnent le trône, & qui trahissent le
trône d'une main, & la nation de l'autre;
si, d'un autre côté, la sagesse, accompa-
gnée de la justice, de l'humanité, & de
la prudence, n'invite jamais au crime;
si, sûre d'obtenir tôt ou tard le triomphe
qu'elle mérite, elle n'a pas besoin, comme
l'imposture, de l'acheter par le sang & le
malheur des hommes; si la philosophie,
annonçant la vérité avec un zèle intré-
pide, soit qu'elle réclame contre les fureurs de la tyrannie & de la superstition,
contre les délires des Rois, les préjugés
des peuples, l'ambition des Grands, la
corruption des Cours; soit qu'elle montre

aux Princes leurs véritables intérêts, &
les fasse rougir quelquefois de leurs vices;
si la philosophie, dis-je, dans ces différentes circonstances, n'a jamais créé de
factions au sein des Empires, & ne s'est
jamais armée, comme l'ignorance, du
couteau régicide; si, en un mot, & ceux
qui commandent, & ceux qui obéissent,
trouvent leurs intérêts dans les progrès
de la raison, il est juste que la science de
la Législation ne se taise pas sur cet objet
si important, trop négligé dans nos Codes.
Il faut donc qu'elle examine par quelle
sorte d'obstacles est arrêtée la marche de
l'instruction, quelle est la méthode qu'il
faut suivre pour les surmonter, quelle direction on doit donner aux talens, comment on peut les rappeler à l'étude du
bien public, sous les auspices de la liberté, & les détourner des autres occupations plus fastueuses qu'utiles; comment les méditations du sage doivent
précéder les opérations du Gouvernement, & de quelle manière les ministres
de la philosophie doivent préparer la voie
aux Ministres des Princes, dans tout ce

qui regarde l'intérêt public ; comment on peut se servir de cet auguste emploi de la raison pour disposer les esprits aux réformes nécessaires & aux innovations utiles , & profiter de cette discussion, source féconde de la vérité, qui naît de la diversité des opinions ; comment on doit guider tous les talens des hommes vers le même objet, faire concourir les beaux-arts à l'utilité publique , former & multiplier les canaux propres à répandre dans les provinces les lumières de la capitale, & rendre ainsi plus commun le précieux dépôt des connoissances utiles, faire parvenir jusqu'aux dernières classes de l'Etat la science des devoirs de l'homme envers Dieu , envers lui-même , sa famille , & sa patrie ; donner à chaque membre de la société une véritable idée de l'homme & du citoyen , & lui faire connoître toute la dignité de son caractère , & le respect qui lui est dû.

Ces questions sont trop intéressantes pour être négligées dans un ouvrage destiné à analyser tous les anneaux qui composent cette chaîne mystérieuse dont les lois doivent fe fervir pour conduire les hommes au bonheur. Nous pafferons enfuite à la religion. Les principes d'après lefquels on doit régler cette partie de la Légiflation qui regarde le culte des peuples, feront compris dans le cinquième livre de cet ouvrage.

Liv. V.   L'ordre public, la tranquillité particulière, & la fûreté du citoyen exigent que la loi ne cherche pas à tout voir & à tout connoître; ils veulent que l'autorité s'arrête devant le feuil des foyers domeftiques, qu'elle refpecte cet afile de la paix & de la liberté de l'homme, qu'elle ne cherche point à fonder fes penfées, qu'elle laiffe un libre cours à fes défirs, qu'elle le confidère comme innocent, quoiqu'il foit coupable, toutes les fois que fon crime n'eft pas évidemment démontré, & qu'elle détourne fes regards de ce qui fe cache devant elle: mais l'ordre public exige en même temps qu'un autre frein fupplée à l'inaction de l'autorité; qu'un autre tribunal, un autre juge, un autre Code, règlent les habitudes cachées du citoyen, arrêtent

fes

ſes paſſions ſecrètes , encouragent ſes vertus obſcures , dirigent vers le bien gé-néral les déſirs même qu'il ne doit pas exprimer , & le forcent enfin à être juſte , honnête, & vertueux, même dans les lieux, les momens , & les circonſtances où il eſt loin des yeux de la loi & de ſes miniſtres. Voilà l'ouvrage de la religion , lorſqu'elle n'eſt point affoiblie par l'incrédulité , ou altérée par la ſuperſtition. Ces deux ex-trêmes , dont l'un eſt toujours la ſuite de l'autre , comme nous l'apprend une expé-rience conſtante ; ces deux extrêmes , dont l'un ôte à la religion ſa force , & l'autre en fait l'inſtrument de ces injuſtices & de ces horreurs qui , à la honte de l'hu-manité , rempliſſent les annales ſangui-naires de la ſuperſtition ; ces deux extrê-mes , dis-je , doivent être prévenus par les lois.

Tel eſt l'objet général où viendront ſe lier les principes que nous aurons à dé-velopper dans ce livre.

Nous examinerons quelle eſpèce de protection la loi devroit accorder au culte religieux ; par quels moyens *directs* & *in-*

Tome I.   C

directs elle préviendroit les deux excès dont nous avons parlé; quelles prérogatives elle pourroit accorder au sacerdoce, & quelle dépendance il lui conviendroit d'en exiger; quels droits seroient accordés à ses chefs, & quelle magistrature veilleroit sur l'usage qu'ils en feroient; sur quels principes on devroit régler l'*immunité ecclésiastique*, établir les bornes de cette *immunité réelle & personnelle*, & les restrictions propres à cette *immunité locale*, qui ne semble créée que pour encourager au crime: nous parlerons des qualités que la loi doit exiger des membres du sacerdoce, & d'après quelle règle on peut en déterminer le nombre; quelles classes de ce corps méritent plus particulièrement la protection des lois; quelles sont celles qui doivent être ou abolies ou réformées; à quel âge on doit fixer l'admission au service des autels; avec quelle réserve la loi doit confier, à ceux qui s'y dévouent, le ministère important de la parole sacrée: nous dirons enfin de quelle manière on doit pourvoir à leurs besoins, objet intéressant, pour lequel on a tenté des réformes fans nombre, qui a donné matière à tant d'écrits, mais qui reftera toujours imparfait, tant qu'on ne fongera point à porter le remède à la fource du mal, tant que la réforme ne tombera pas fur la nature même du revenu du facerdoce.

Après avoir développé toutes ces parties avec le refpect que méritent le fanctuaire & fes miniftres, nous nous occuperons des lois qui regardent la propriété; elles feront comprifes dans le fixième livre.

LIV. VI.

On appelle *propriété*, le droit exclufif de difpofer d'une chofe; elle ne peut être tranfmife à quelqu'un, ni pour un temps ni pour toujours, fans le libre confentement de celui à qui elle appartient. Ce confentement eft ou exprimé, ou tacite, ou préfumé. Protectrices des droits de chaque citoyen, les lois préviennent la violence & le vol par la crainte des peines, & arrêtent dans leur fource l'artifice & la fraude, en déterminant les circonftances qui doivent accompagner ce confentement, pour lui imprimer le caractère de la validité. De là dérivent toutes les formes preſcrites par la loi , lorſque le conſentement eſt exprimé ; les ſignes qui le maniſeſtent , lorſqu'il eſt tacite ; les conjectures qui le font ſuppoſer , lorſqu'il eſt préſumé : de là toutes les conditions auxquelles la loi a ſoumis le conſentement de celui qui transfère à un autre ſa propriété , les différens titres par leſquels il peut en diſpoſer , ou pour toujours ou pour un temps limité ; les divers droits qui naiſſent de ces divers titres , & les obligations qui en découlent : de là la différence légale entre les pactes & les contrats , les priviléges en faveur des mineurs & de tous ceux que la loi conſidère comme tels , les moyens établis contre les léſions , la théorie des preſcriptions , l'origine , le motif , & la ſolennité des teſtamens & des ſucceſſions *ab inteſtat* : de là , en un mot , tous les ſecours inventés par les lois , pour garantir la propriété de chaque citoyen des piéges de la fourberie , & tous les moyens établis par elle pour diſtinguer les droits ſacrés de la propriété , des rapines ſecrètes de l'uſurpation.

Voilà , réduit à un ſeul point de ve;

le motif de ces lois innombrables qui composent aujourd'hui les codes écrits de l'Europe, & qui manquent toutes leur but, parce qu'elles n'ont embraffé que des objets puérils & minutieux. Dans cette partie de la fcience légiflative, nous n'aurons donc à propofer que des réductions. En développant cette théorie, en la débarraffant de tout ce qui lui eft étranger, & ramenant à un petit nombre de principes généraux toutes les théories particulières dont elle eft compofée, nous tâcherons de faire voir aux Légiflateurs combien il eft difficile, avec un petit nombre de lois, d'affurer cette propriété, qui fera toujours incertaine & précaire, tant que les armes deftinées à la défendre feront fupérieures aux forces de ceux qui doivent s'en fervir ; tant que la multiplicité des lois, leur obfcurité, & le langage dans lequel elles font écrites, les déroberont à la connoiffance du peuple ; tant que les oracles de la juftice auront befoin d'interprètes, & qu'une main fage & hardie, après avoir cueilli quelques fleurs qui s'élèvent du milieu des ronces de la jurifprudence, ne lancera pas tout le refte dans le fein des flammes, pour en faire un facrifice au dieu de la concorde & de l'équité.

Après avoir parlé de la propriété, nous pourrons enfin terminer cet ouvrage par un court effai fur les lois relatives à la puiffance paternelle & au bon ordre des familles.

Comme le bien-être d'un corps dépend du bien-être des parties qui le compofent, ainfi le bon ordre de l'Etat dépend du bon ordre des familles : or, de même qu'une fociété ne fauroit fe foutenir fans un chef qui la gouverne, ainfi une famille, qui n'eft autre chofe qu'une fociété plus pe-tite, a befoin d'un chef qui la dirige; ce chef eft le père de famille : confidéré fous cet af-pect, il faut donc qu'il ait des droits fur les individus qui la compofent : aujourd'hui que la religion, la politique, & l'huma-nité fe font réunies pour profcrire l'efcla-vage domeftique, les membres de la fa-mille font la femme & les enfans. Nous examinerons donc quels font les droits que la loi devroit accorder au père de famille fur la première & fur les feconds.

L'amour ordinaire des hommes pour les chofes extrêmes a fait naître fur ce point une grande contrariété entre la Légiflation ancienne & la Légiflation moderne. Les anciens Légiflateurs accordèrent fans doute aux pères de famille des priviléges trop confidérables : mais qui peut douter auffi que les Légiflateurs modernes ne les aient refferrés dans des bornes trop étroites ? Ces deux excès font également dangereux. La démonftration de cette vérité intéreffante fera placé au commencement de ce feptième livre, dans lequel, parcourant rapidement les fyftêmes des lois anciennes & modernes, nous expoferons leurs défauts avec la plus grande impartialité.

Nous ferons voir que fi la juftice, l'intérêt public, & la morale étoient bleffés par les droits exceffifs que les premiers Légiflateurs des nations avoient accordés aux pères de famille ; fi le trône qu'ils cherchèrent à élever au père, au milieu de fes foyers, étoit trop indépendant ; fi le droit de difpofer de la vie de fes enfans, étoit un attentat à l'autorité publique ; ſi le droit de les expoſer & de les vendre, étoit un outrage fait à la nature, ſous la protection même de la loi ; ſi le pouvoir qu'ils accordèrent au mari ſur ſa femme, étoit trop étendu, & reſſembloit à une propriété plutôt qu'à une prééminence (1) ; ſi c'étoit commettre une injuſtice atroce, que de faire du contrat deſtiné à la multiplication de l'eſpèce, un titre par lequel l'un des contractans eût le droit de diſpoſer à ſa volonté de la vie de l'autre ; ſi c'étoit une loi ſcandaleuſe que celle qui attribuoit au mari, dans les premiers temps de la République, le pouvoir de tuer ſa compagne, parce qu'elle avoit bu, quelquefois avec modération, d'une liqueur dont l'abus même n'étoit pas interdit au mari ; ſi le droit du divorce, preſque chez toutes les nations, excluſivement accordé au mari, lui donnoit ſur l'exiſtence de ſa femme le pouvoir le plus terrible, ſans que celle-ci pût avoir quelque recours contre l'abus de ſon autorité (2) ; ſi, en un mot, les anciens Lé-

____

(1) *Tranſibant in mancipium viri.* Cicer. pro. Muren.
(2) Il eſt vrai que dans la ſuite on accorda aux femmes ,

giſlateurs ont paſſé les bornes du juſte &
de l'honnête, en déterminant l'étendue
de la puiſſance paternelle : nous ferons
voir que les modernes n'en ſont pas moins
blâmables, pour l'avoit reſſerrée d'une
manière ſi deſpotique, qu'elle ſemble
anéantie; on pourroit même dire, avec
vérité, que la tranquillité publique a reçu
des atteintes plus dangereuſes, par l'affoi-
bliſſement de l'autorité paternelle, que
par l'ancien abus de ſes droits. L'amour naturel des pères pour leurs enfans étoit un
grand préſervatif contre les ſuites funeſtes
d'un pouvoir ſi étendu, & la crainte même
qu'il inſpiroit, devoit rendre très-rares
les occaſions de l'exercer. Les délits de-

---

chez pluſieurs peuples, le droit de réclamer le divorce;
mais les motifs qu'on exigeoit, & les obſtacles qu'on op-
poſoit à leur demande, étoient ſi conſidérables & ſi
puiſſans, que le bienfait de la loi étoit preſque toujours perdu pour elles. Il ſuffit de lire la *novelle* 22,
chap. 15, & la *novelle* 117, *chap.* 8, *chap.* 13 & *chap.* 14,
pour voir combien, chez les Romains, il étoit difficile à
une femme d'obtenir le divorce qu'elle ſollicitoit, & combien il étoit facile au mari de voir ſa demande accueillie.
Nous obſerverons tout cela lorſqu'il en ſera temps.

voient être moins fréquens dans les familles, lorsqu'on réfléchissoit que la main armée pour les punir étoit libre, & toujours prête à les réprimer. La grandeur du pouvoir, & la qualité de la personne qui en étoit revêtue, devoient donc en restreindre l'usage, & en éviter les abus : mais quel instrument, suppléant à la puissance paternelle, pourroir prévenir le désordre des familles, qui, comme on l'a dit, entraînent aussi celui de l'Etat ? Où trouver une autorité qui, comme celle des pères, pût agir dans tous les temps, & agir avec tant de vigueur ; qui pût, comme elle, tout voir & tout connoître ; qui n'eût besoin ni de secours pour faire respecter ses ordres, ni de formalités pour les transmettre ; qui pût confier l'exécution de ses décrets à un bras si voisin de la bouche qui les prononce ; qui n'admît ni prévention dans le juge ni lenteur dans l'exécution ; dont les ordres, à peine exprimés, fussent déjà connus & remplis ; qui fût enfin tellement fixée par les lois dans de justes limites, qu'il n'y eût plus d'usurpation à craindre dans celui qui en seroit revêtu.

C'eſt de toutes ces raiſons que nous déduirons la néceſſité de relever l'édifice de la puiſſance paternelle, que les anciens Légiſlateurs avoient trop agrandi, & qu'une défiance mal fondée a depuis preſque entièrement renverſé. Mais ſur quelle baſe, avec quels matériaux, dans quel ordre devroit-il être conſtruit? quels devroient être les droits de la nouvelle magiſtrature des pères? quels devroient être les droits des maris? juſqu'où pourroient s'étendre leurs ſoins? de quelle nature ſeroient les bornes de leur juriſdiction, le véritable emploi de leur autorité, & les remèdes propres à en prévenir l'abus? quelle influence cette innovation auroit-elle ſur l'ordre ſocial & les mœurs? quels obſtacles le ſyſtême actuel des ſucceſſions oppoſeroit à ce changement? quels ſont ceux qui naîtroient de quelques lois féodales, chez les nations où exiſte encore le ſimulacre de ce coloſſe antique?

Tels ſeront les objets de nos recherches dans le ſeptième & dernier livre, & tel eſt le plan général de cet ouvrage.

Le fujet en eft trop vafte & trop difficile pour être traité par moi comme il mérite de l'être : il eft, je l'avoue, fupérieur à mes forces, à mes connoiffances, à mes talens ; mais, j'ofe le dire, inférieur à mon zèle. A travers les erreurs qui peut-être y feront répandues, malgré la foibleffe du ftyle avec lequel feront expofées les plus grandes vérités ; malgré les défauts fans nombre qu'on y pourra rencontrer ; on verra toujours le cœur d'un Ecrivain que l'ambition n'a pas fouillé, que l'interêt n'a pas féduit, que la crainte n'a pas avili. Le bien public eft le feul objet de cet ouvrage, & le zèle avec lequel il eft écrit, eft fon unique ornement. Voilà la fource de mes efpérances, voilà le titre qui me donne de véritables droits à la gloire.

Sages de la terre, philofophes de toutes les nations, Ecrivains, ô vous tous à qui fut confié le dépôt facré des connoiffances humaines ; fi vous voulez que votre nom foit gravé dans le temple de mémoire, & que l'immortalité couronne vos travaux, occupez-vous de ces objets,

qui, après des milliers d'années & malgré la diftance des lieux, intéreffent encore. N'écrivez jamais pour un homme,
mais pour les hommes ; uniffez votre
gloire aux intérêts éternels du genre humain ; abhorrez ces talens fi fouvent pof-
fédés par des ames efclaves, qui brûlent
un encens honteux fur l'autel de l'adula-
tion. Fuyez cet efprit vénal & timide,
qui ne connoît d'autre aiguillon que l'in-
rérêt, & d'autre frein que la crainte ; mé-
prifez les applaudiffemens éphémères de
la multitude, la reconnoiffance merce-
naire des Grands, les menaces de la per-
fécution, & les mépris de l'ignorance.
Inftruifez avec courage vos frères, & dé-
fendez leurs droits avec la liberté : alors
tous les hommes, émus par l'efpoir du
bonheur dont vous leur enfeignez la route,
vous écouteront avec tranfport ; alors la
poftérité, reconnoiffante de vos travaux,
diftinguera vos écrits dans les immenfes
dépôts des productions de l'efprit humain :
ni la rage impuiffante de la tyrannie, ni
les clameurs intéreffées du fanatifme, ni
les fophifmes de l'impofture, ni les cri-

tiques de l'ignorance , ni les fureurs de l'envie ne pourront les décrier & les enfevelir dans l'oubli. Ils feront lus, & peut-être mouillés des larmes de ces peuples qui , fans vos ouvrages , ne vous euffent jamais connus ; & votre génie, toujours utile, fera contemporain de tous les âges, & citoyen de tous les lieux.

LA SCIENCE

DE LA

LÉGISLATION.

LIVRE PREMIER.

Des règles générales de la Science de la Législation.

CHAPITRE PREMIER.

Objet unique & universel de la Législation, déduit de l'origine de la société civile.

QUEL QU'AIT pu être l'état des hommes avant l'établissement de la société, quelle qu'ait été l'époque de cette réunion, de quelque manière qu'aient existé la constitution primitive, & le plan qui lui a servi de base, on ne peut douter qu'un seul principe n'ait produit tous ces effets ; & ce principe est le besoin de la *conservation* & de la *tranquillité*. Je me garderai bien de supposer un état de nature antérieur à la société, & semblable à celui des sauvages, comme quelques sophistes misanthropes l'ont assuré de nos jours. Il ne m'est pas permis de méconnoître assez la nature & les caractères distinctifs de l'espèce humaine, pour croire que l'homme ait été destiné à errer dans les bois, ou que l'état de société soit pour lui un état de violence.

Loin d'adopter une opinion si erronée, j'ose dire que l'auteur de la nature auroit contrarié l'objet de ses opérations, si l'homme, le plus parfait & le plus auguste de ses ouvrages, n'eût pas été destiné par lui à l'état de société. Et en effet, pourquoi l'auroit-il doué d'une raison qu'il ne peut développer que par sa communication avec les autres hommes ? Pourquoi, à ce cri du sentiment qui forme tout le langage des animaux,

auroit-il

auroit-il ajouté le don exclusif de la parole, & lui auroit-il accordé cet avantage
inestimable d'attacher l'ordre de toutes
ses idées possibles, à des signes de con-
vention nécessaires pour les transmettre
aux autres ? pourquoi, en le privant de
cet instinct qui dirige & rassure toutes
les actions des animaux, auroit-il donné à
l'homme le pouvoir de se déterminer par
un acte libre de sa volonté, laquelle,
pour le guider dans le choix des moyens,
suppose des lumières qu'on ne peut acquérir hors du commerce des hommes ? pourquoi lui auroit-il rendu la société nécessaire, par les maux & la durée de son enfance ? pourquoi n'auroit-il pas donné à
tous les hommes les mêmes degrés de
force, d'adresse, de talens, & les auroit-
il rendus propres à des genres d'occupa-
tion si variés ? Pourquoi tant de désirs, de
besoins, & de sentimens (1) ? pourquoi

____

(1) L'auteur de la nature ayant destiné l'homme à vivre
avec ses semblables, a varié presque à l'infini ses désirs &
ses goûts, pour empêcher que la faculté de sentir de chaque individu, s'exerçant tout entière sur le même objet,

Tome I.   D

faire de l'homme un être susceptible d'une multitude de passions inutiles à un animal solitaire ? lui inspirer le désir de plaire à ses semblables, & d'exercer son empire sur eux, ou du moins sur leurs opinions ? faire naître dans son cœur le sentiment de la pitié, de la bienfaisance, de l'amitié, en un mot, de toutes les passions qui découlent du sens moral d'une ame honnête & pure, & qui lui font sentir à chaque instant le besoin de répandre sur les autres une partie de son existence ? enfin, pourquoi ne pas resserrer tous ses désirs dans la sphère étroite où sont renfermés ceux de tous les êtres qui habitent la surface du globe, c'est-à-dire, dans la faculté de satisfaire les besoins physiques ; faculté qui, ne pouvant être exercée que par intervalles, laisse au dedans de nous un sentiment secret qui nous avertit de leur impuissance à composer notre bonheur, nous annonce que l'ame a ses besoins comme le corps, & que l'homme ne

---

il n'en résultât une foule de maux propres à bouleverser la société. *Trahit sua quemque voluptas.*

peut satisfaire ces besoins , qu'en s'environnant de toutes les affections sociales.

Ces réflexions suffisent , ce me semble, pour démontrer que l'état de société est lié , dans l'ordre des temps , à l'existence même de l'homme ; que le sauvage errant dans les forêts n'est pas l'homme de la nature , mais un homme dégénéré, dont la manière de vivre est contraire au but qu'elle lui a prescrit, & que cet état est plutôt l'image de la dégradation de l'espèce humaine, que le tableau de son enfance.

Je suis donc convaincu que la société est née avec l'homme : mais cette société primitive étoit bien différente de la société civile.

Il n'est pas possible de présumer que les hommes , destinés à vivre ensemble , aient d'abord commencé de renoncer à leur indépendance , avant de sentir la nécessité d'un pareil sacrifice. Cette société primitive n'étoit donc qu'une société purement naturelle , où les noms de noblesse & de peuple , de maîtres & d'esclaves , étoient aussi inconnus que la magistrature , les lois , les peines & les charges civiles. Dans cette société, on ne connoissoit d'autre inégalité que celle qui naît de la force du corps, d'autre loi que celle de la nature, d'autre lien que celui de l'amitié, des besoins & de la famille. Les membres de cette société n'avoient pas encore renoncé à leur indépendance naturelle, n'avoient pas déposé toutes leurs forces particulières entre les mains d'un chef ou de plusieurs hommes, ne leur avoient pas confié la garde de leurs droits, n'avoient pas mis sous la protection des lois, leur vie, leurs biens, leur honneur. Dans cette société, chaque homme étoit Souverain, puisqu'il étoit indépendant; Magistrat, puisqu'il étoit interprète des lois renfermées dans son cœur; Juge enfin, puisqu'il étoit l'arbitre des différens qui naissoient entre lui & ses semblables, & le vengeur des injures qui lui étoient faites.

Mais, malheureusement pour l'espèce humaine, il étoit impossible qu'une pareille société subsistât long-temps. Il semble que la nature n'ait inspiré qu'à la race des castors l'art difficile, ou, pour mieux dire, le don précieux de combiner la société avec l'indépendance. Cette inégalité de force dont j'ai parlé, unie aux fondemens de la société primitive, devoit, avec le temps & le développement des passions, produire les plus grands désordres. L'égalité morale, ne pouvant lutter contre l'inégalité physique, devoit être entraînée par elle; & comme les attentats de la force étoient plus puissans que les droits de la foiblesse, l'homme foible, exposé aux caprices du fort, voyoit sa subsistance, triste fruit de ses peines, devenir la proie de son ⬛⬛⬛ n honneur & sa vie n'étoient qu⬛⬛⬛⬛ récaires, dont il pouvoit être dépou⬛⬛ toutes les fois qu'une ame perverse animoit un corps plus vigoureux que le sien. La défiance, l'incertitude, la crainte, troubloient à chaque instant la paix de cette société primitive. Il ne se présenta qu'un moyen de remédier à tant de maux. On ne pouvoit détruire l'inégalité physique, sans recourir à l'égalité morale : il falloit, de toutes les forces particulières, composer une force publique, qui fût

D 3

supérieure à chacune d'elles. Il falloit donner l'être à une perfonne morale, dont la volonté repréfentât toutes les volontés ; dont la force fût l'affemblage de toutes les forces ; & qui, dirigée par la raifon publique, interprétât la loi naturelle, en développât les principes, fixât les droits, réglât les devoirs, prefcrivît les obligations de chaque individu envers la fociété & envers les membres qui la compofent ; établît au milieu des citoyens une mefure qui fût tout à la fois & la règle de leurs actions, & la bafe de leur fûreté ; qui fût créer & conferver, pour le maintien de l'ordre, l'équilibre entre les befoins & les moyens de les remplir ; qui eût enfin le pouvoir de placer, d'une manière immuable, dans la main des hommes, l'inftrument de leur confervation & de leur tranquillité, feul objet pour lequel ils avoient fait le facrifice de l'indépendance primitive.

Voilà l'origine & le motif de la fociété civile, l'origine & le motif des lois, & par conféquent l'objet unique & univerfel de la Légiflation.

Examinons donc, avant d'aller plus loin, ce qui eft renfermé dans ce principe général, & les conféquences qui en dérivent : nous verrons enfuite comment chaque partie de la Légiflation doit correfpondre à cet objet.

CHAPITRE II.

De tout ce qui eft renfermé dans le principe général de la confervation & de la tranquillité, & des réfultats de ce principe.

La confervation a pour objet l'exiftence, & la tranquillité a pour objet la sûreté. L'exiftence fuppofe des moyens, la sûreté fuppofe la confiance.

Les moyens d'exifter fe réduifent à deux fortes ; à ceux qui concernent les befoins indifpenfables de la vie, & à ceux qui mettent le citoyen en état de goûter une certaine efpèce de bonheur, inféparable d'une certaine efpèce de bien-être commun à tous les membres de la fociété. Je n'entends point par ce bien-être les richesses exorbitantes de quelques classes de citoyens, & beaucoup moins encore l'état de ceux qui, plongés dans l'oisiveté, peuvent entretenir impunément ce vice destructeur de la société. Les richesses exorbitantes de quelques citoyens, & l'oisiveté des autres, supposent le malheur & la misère du plus grand nombre. Cette étrange disproportion est contraire au bien public. Il n'y a qu'un seul cas où un Etat doive être appelé riche & heureux; c'est lorsque chaque citoyen, par le travail modéré de quelques heures, peut fournir commodément à ses besoins & à ceux de sa famille. Une vie conservée à force de peines & de travaux opiniâtres, n'est point une vie heureuse. C'étoit la misérable condition de l'infortuné Sizyphe : il n'avoit pas un seul instant pour lui même, puisque son existence tout entière étoit condamnée au travail.

Il faut qu'un Etat soit riche, & que les richesses y soient bien distribuées : voilà ce qui est relatif à la conservation.

Mais cela ne fuffit pas. On a dit que l'homme, foumis à des befoins & à des défirs, n'a pas feulement pour objet de fe conferver, mais de fe conferver dans la tranquillité la plus entière. Or, pour être tranquille, il faut avoir le fentiment de la confiance ; il faut que le citoyen puiffe croire que le Gouvernement ne portera aucune atteinte à fes droits, & que les Magiftrats ne fe ferviront pas des lois dont la garde leur eft confiée, comme d'un inftrument d'oppreffion; il faut qu'il vive parmi fes concitoyens avec la fécurité d'un homme qui penfe qu'il ne fera jamais troublé par eux ; qu'il foit perfuadé que fa vie, défendue par la loi, ne pourra lui être enlevée, que lorfque fes délits lui feront perdre le droit de la conferver ; il faut enfin qu'il foit fûr qu'une propriété légitime-ment acquife fera protégée par toutes les forces de la nation, & que le fruit de fon travail fera toujours fous la fauve-garde de l'autorité publique.

Tels font les réfultats du principe uni-verfel de la confervation & de la tranquillité. Chaque partie de la Législation sera donc destinée à procurer un de ces biens à la société.

Voilà pourquoi (comme je l'ai observé dans le plan de mon ouvrage) je divise les lois en différentes classes, & que je les distingue par les effets qu'elles doivent produire, plus que par les rapports qu'elles peuvent avoir.

Mais avant de traiter en particulier de ces lois ; avant de pénétrer dans ce cahos, où toutes les matières sont si étrangement confondues, qu'il est impossible de les traiter sans le secours de la méthode la plus exacte, il faut d'abord énoncer les règles générales, sans lesquelles la science de la Législation sera toujours incertaine : ce sera l'objet de ce premier livre. Je commencerai donc par démontrer la nécessité de ces règles.

CHAPITRE III.

La Législation doit avoir ses règles comme toutes les autres sciences, & ses erreurs sont les plus cruels fléaux des nations.

La géométrie, la peinture, la sculpture, l'architecture, ont des principes sûrs & déterminés, hors desquels on ne retrouve plus l'exacte vérité. Une perfection arbitraire n'est donc pas faite pour l'esprit de l'homme : chaque science a dû avoir des règles ; & à mesure que ces règles se sont perfectionnées, les connoissances humaines ont précipité leur marche vers le point de la perfection. La science des lois sera-t-elle donc exceptée d'un principe aussi constant & aussi universel ?

Le despotisme osa dire autrefois, que la volonté du Législateur est la seule règle de la Législation, & l'ignorance le crut ; & des hommes avilis pensèrent qu'au milieu des révolutions successives qui changent l'état de la société, la science des lois ne pouvoit avoir des principes immuables.

L'Etat, il est vrai, est une machine compliquée ; les rouages qui la composent ne se ressemblent pas toujours, & les forces qui la font agir ne sont pas de même nature : mais cela ne prouve pas que les règles, qui nous font connoître toutes ces différences, ne puissent être sûres & constantes.

A Dieu ne plaise qu'une science d'où dépend tout l'ordre social, où chaque erreur peut être plus dangereuse pour les nations que les plus terribles calamités physiques, soit incertaine & dénuée de principes. Cette diversité étonnante de sentimens, & ces combinaisons infinies de notions obscures & mal déterminées, qui quelquefois prennent leur source dans une seule idée fausse, à laquelle un homme se consacre ; ces préjugés innombrables & ces maximes si disparates qui se partagent la raison de tous les hommes, sont autant de preuves qui démontrent combien il est nécessaire de ne point marcher seul & sans guide dans la carrière immense de la Législation.

A quelle foule de maux les hommes se feroient dérobés, si, dans une matière si importante, ils avoient pu concevoir quelque défiance d'eux mêmes! Rien n'est plus facile que de commettre une erreur en Législation; mais il n'en est point de plus fatale aux peuples, il n'en est point de plus dangereuse à guérir. La perte d'une province & tous les mauvais succès d'une guerre sont des malheurs de peu de durée; un seul instant de prospérité, une victoire d'un jour, réparent quelquefois les pertes de plusieurs années: mais une erreur de politique & de Législation, est la source inépuisable d'un siècle de maux, & son influence destructive s'étend de là jusqu'aux siècles à venir.

Sparte, tant de fois opprimée par les armes de ses voisins, se releva toujours de ses malheurs, plus triomphante & plus formidable. La bataille de Cannes ne fit qu'inspirer aux Romains une valeur nouvelle: mais, hélas! une triste expérience ne nous a que trop appris combien un seul édit sur les finances a désolé de campagnes, en portant la stérilité à la source

même de l'abondance ; combien de milliers de citoyens il a enlevés à leur patrie ;
combien de ports il a fermés tout à coup,
& combien de richeſſes il a fait tranſporter
d'un Etat dans un autre.

Quel ſpectacle les annales politiques
de l'Europe ont-elles offert dans ces derniers temps ?

Nous avons vu, en moins de deux
ſiècles, quatre ou cinq Puiſſances paſ-
ſer tour à tour de la domination à l'o-
béiſſance, & de l'état de grandeur à celui
de foibleſſe. Si nous cherchons la cauſe de
cette révolution politique, nous ne pourrons la trouver que dans les abus de leur
Légiſlation. En commençant par l'Eſpagne, nous verrons que cette nation,
qui, ſous Charles - Quint, étoit, pour
ainſi dire, le centre unique d'où partoit
le mouvement convulſif qui agitoit
l'Europe; qui, en portant la première
ſes armes victorieuſes dans un nouvel hé-
miſphère, avoit eu le bonheur d'ajouter
aux avantages de la poſition la plus favorable & du territoire le plus fertile de
l'Europe, le domaine des contrées les plus

opulentes de l'Amérique ; qui auroit pu
être la plus riche de toutes les nations de
la terre, les foumettre à l'empire de fa
volonté, & trouver dans fon fein les matériaux propres à jeter les fondemens de
fa grandeur ; nous verrons, dis-je, que
l'Efpagne doit non feulement à l'expulfion
des Maures, fuivie bientôt après de l'augmentation exceffive des impôts, mais encore à un faux principe d'adminiftration,
& à l'influence de ce principe fur les lois,
la perte de tant d'avantages, & l'état déplorable de l'agriculture, de l'induftrie,
de la population & du commerce, que
tous les efforts du Gouvernement actuel
n'ont pu encore rétablir. Les hommes peu
éclairés qui préfidoient alors à l'adminiftration de l'Etat, refferrant leurs vues dans
les bornes étroites de leur pays, ne fen-
toient pas que la profpérité de l'Efpagne
étoit liée à celle des autres nations ; qu'elle
ne pouvoit conferver fes propres richeffes,
qu'en augmentant celles de fes voifins,
& garder une partie de fes métaux, qu'en
laiffant écouler l'autre partie dans l'Europe. Ils ne voyoient pas qu'en accroiffant

toujours la maffe de leur numéraire, fans
que celle des autres Etats s'accrût à proportion, ils attaquoient l'agriculture & l'induftrie nationales, & les obligeoient, faute
de pouvoir foutenir la concurrence des
étrangers, à difparoître de l'Etat, empor-
tant avec elles tous ces tréfors dont il auroit fallu facrifier une partie pour la confervation de l'autre. Ils ne favoient pas que
l'or & l'argent étoient des productions du
nouveau monde, dont il ne falloit retenir
chez eux qu'une portion fuffifante, pour
faire pencher de leur côté la balance du
commerce relatif. C'eft pour avoir ignoré
ces vérités importantes, qu'avec tant de
lois prohibitives de la fortie des efpèces,
les Rois d'Efpagne & leurs Miniftres ont
renverfé tous les fondemens de la force
publique (1).

Si nous paffons de l'Efpagne à la
France, nous verrons encore une nation
qui, après avoir dominé en Europe,
comme l'Efpagne, a trouvé comme elle,

------

(1) Cette vérité fera développée dans le cours de l'ouvrage, avec toute l'étendue qu'elle mérite.

dans

dans l'ignorance de ſes Légiſlateurs &
les vices de leurs opérations, le principe
de ſa décadence. Un ſeul édit, dicté
par le fanatiſme de quelques hommes,
ainſi que l'erreur d'un Miniſtre qui
changea tout le ſyſtême économique
de l'Etat, ont cauſé plus de maux à
la France, que ne lui avoient procuré
d'avantages quarante ans de victoires,
des Généraux illuſtres, des Académies
célebres, une foule d'hommes de génie
dans les lettres & dans les arts, & toute
l'influence deſpotique que ces grands
moyens lui avoient donnée ſur l'Europe.

Louis XIV, en diſperſant loin de leur
patrie une portion de ſes ſujets, que l'erreur avoit égarés, non ſeulement frappa
d'un coup mortel la population du royau-
me, mais il enleva encore à l'Etat toutes
les reſſources des arts, que ces malheureux proſcrits coururent offrir à des nations plus éclairées ſur leurs vrais intérêts. Colbert, accordant aux ouvrages de
l'induſtrie une préférence preſque ex-

clufive fur les productions de la terre,
plaçant toute fa confiance dans les mains
des ouvriers de l'art, & non dans la fertilité du fol, arracha les cultivateurs à la
terre, pour en faire des inventeurs de
modes & des manufacturiers d'étoffes,
donna à fa patrie une profpérité trom-
peufe & précaire, que les progrès de l'induftrie en Europe ont bientôt fait éva-
nouir, & enfeigna par ce moyen aux autres nations l'art d'appauvrir la France,
en s'enrichiffant elles-mêmes.

En effet, l'Angleterre fut la première à
profiter de cette faute, & elle prit dès-lors
une grande fupériorité fur la France: mais
cet Empire, à fon tour, après avoir fi
long-temps dominé fur les mers, après
avoir dicté fes lois dans tous les ports &
fur toutes les côtes, humilié tous les pa-
villons de l'Europe, étendu fon influence
puiffante fur le commerce des deux hé-
mifphères; cet empire eft aujourd'hui fur
le bord de fa ruine, & fa décadence fubite a fa fource dans les erreurs de fes
lois. Il n'a eu dans fon fein aucun Légiflateur affez éclairé pour lui apprendre

qu'une mère réduite à un petit nombre
d'enfans, ne doit pas les difperfer loin
d'elle ; que la Grande-Bretagne, avec
dix millions d'habitans, n'étoit pas en état
de peupler un fi grand nombre de Colonies ; qu'au lieu d'engager fes fujets à
abandonner leur patrie, elle devoit, par
des réglemens fages, mettre un obftacle
à leurs fréquentes émigrations, & fe con-
tenter des établiffemens néceffaires à fon
commerce. Aucun des Souverains de
cette nation n'a fenti que cette manie de
dominer dans le Nouveau Monde ne devoit pas lui faire oublier qu'un citoyen
qui abandonne fa patrie, pour lui être
utile au delà des mers, n'abandonne pas
pour cela tous fes droits ; que cette oppreffion eft d'autant plus injufte, qu'elle
eft exercée par un peuple libre ; que la
modération eft l'unique garant des poffef-
fions lointaines ; que le commerce exclufif des Colonies avec la métropole, eft
un acte d'injuftice qui doit tôt ou tard
devenir une fource de divifions. Aucun
homme d'Etat n'a prouvé à fes concitoyens, que dépouiller les colons du

droit inviolable d'être foumis au jugement feul de leurs propres jurés, c'étoit diminuer leur confiance dans le Gouvernement; que les foumettre à des contributions arbitraires, c'étoit attenter à leur liberté; que leur enlever le droit de fe taxer eux-mêmes, c'étoit leur arracher une prérogative qui peut-être eft, en Angleterre, le feul garant de la liberté, une prérogative que les fujets de cet Empire ont tant de fois cimentée de leur fang, & pour la confervation de laquelle ils ont fi fouvent détrôné leurs Rois. Un fage Légiflateur leur auroit dit au contraire, que ces Colonies une fois parvenues à un certain degré de richeffe & de puiffance, n'auroient plus befoin des fecours de la métropole, & qu'il falloit par-conféquent gouverner avec la plus grande modération, un peuple qui devoit trouver tant d'intérêt à créer fon indépendance. Ce Légiflateur auroit encore prévenu d'autres maux; & fi, dans ces derniers temps, on eût vu à la tête du Gouvernement Britannique un Locke ou un Penn; ces deux hommes célèbres auroient dé-

montré à leur patrie, que l'abus qu'elle
a fait & qu'elle fait encore de son crédit,
en accroissant chaque jour la masse de la
dette nationale, en multipliant à l'infini
la circulation d'un papier représentatif
d'une monnoie qui n'existe pas, devoit,
soit par l'avilissement du numéraire, soit
par l'excès des impôts, augmenter sans
mesure le prix des travaux productifs &
des ouvrages de l'art; que cette augmentation causeroit à l'Angleterre le désa-
vantage le plus frappant dans sa concurrence avec les autres nations, & que tant
d'erreurs entraîneroient dans peu de temps
la ruine de son industrie. Une sage politique n'auroit pas négligé ces considérations; mais elles ont échappé aux citoyens
Anglois: & cet oubli précipite vers sa décadence, une nation qui, jusqu'à ce jour,
avoit le mieux connu ses intérêts.

Cruelle réflexion! Les peuples ont
donc, comme les hommes, leurs périodes d'ignorance & d'erreur. Et c'est dans
cette situation qu'est aujourd'hui l'Angleterre: au lieu de diminuer la masse de
ses impôts, elle l'augmente sans cesse;

elle perd fon influence dans l'Europe, pour avoir voulu lui donner trop d'étendue en Amérique; bientôt elle en fera privée dans l'un & l'autre hémifphère; & le fceptre de l'Europe, après avoir paffé de l'Efpagne à la France, & de la France à l'Angleterre, femble devoir fe fixer dans les mains de la Ruffie, où l'appelle la fageffe de la Légiflation : y reftera-t-il long-temps, & les Européens recevront-ils un jour les lois de cette nation refpeftable ? Le Code de Catherine me donne plus à penfer que toute fa flotte de l'Archipel.

Afin d'expofer, dans l'ordre le plus méthodique, toutes les règles néceffaires pour éviter tant d'erreurs & de maux, je commence par diftinguer la *bonté abfolue* des lois, de leur *bonté relative*. Dans le développement de ces deux caraftères de bonté que doit avoir chaque loi, viennent fe renfermer d'elles-memes toutes les règles générales de la fcience de la Légiflation. Je parlerai d'abord de la *bonté abfolue*.

CHAPITRE IV.

De la bonté absolue des lois.

J'APPELLE bonté absolue des lois, leurs rapports avec ces principes de la morale qui sont communs à tous les hommes, propres à tous les Gouvernemens & à tous les climats. Le droit de la nature renferme les principes immmuables de tout ce qui est juste & honnête dans tous les cas. Il est facile de voir combien de principes particuliers dérivent de cette source féconde. Nul homme ne peut ignorer les lois de son espèce, parce que ces lois ne sont point les résultats équivoques des stériles méditations des moralistes. Elles sont l'expression immuable de ce principe de raison universelle, de ce sens moral du cœur, que l'auteur de la nature a imprimé dans tous les individus de l'espèce humaine, comme la mesure vivante de la justice; qui parle à tous les hommes le même langage, & prescrit dans tous les temps les mêmes lois ; qui eſt plus ancien , comme dit Cicéron, que les villes , les peuples , les ſénats ; dont la voix eſt plus puiſſante que celle des Dieux, & qui , inſéparable de la nature des êtres penſans, ſubſiſte, & ſubſiſtera toujours , malgré les efforts des paſſions qui luttent contre lui , malgré les tyrans qui voudroient l'éteindre dans le ſang des hommes , & les impoſteurs qui cherchent à l'anéantir par la ſuperſtition.

Le ſauvage d'Otahiti ſent, auſſi bien que Locke, qu'une bête tuée à la chaſſe par ſon compagnon eſt la propriété de celui-ci ; que les produits d'un ſol cultivé par d'autres mains que les ſiennes, ne peuvent lui appartenir qu'avec le conſentement du propriétaire, & que le beſoin de ſe défendre peut ſeul lui donner quelque droit ſur la vie d'un autre homme. Voilà le principe de la morale, le droit de la nature, & la première règle des lois.

Mais les Légiſlateurs ont-ils ſouvent conſulté ce guide ? & ceux mêmes qui, en apparence, ont eu le plus de philoſophie & d'humanité, ne l'ont-ils pas quelquefois méconnu ? Je m'attendris fur les malheurs de l'homme, & je déplore fa deftinée, lorfque je vois Platon penfer & s'exprimer à ce fujet comme le tyran le plus abfurde & le plus frénétique.

Si un efclave, dit-il, tue un homme libre qui s'étoit jeté fur lui pour l'affaf-finer, qu'il foit puni comme un parricide (1). Le droit de la défenfe naturelle fera donc transformé en délit dans la perfonne d'un efclave, c'eft-à-dire, d'un homme qui a eu le malheur de tomber dans les mains d'un autre homme, parce qu'il a défendu fa propriété, fa liberté, fa patrie ! Les anciennes Légiflations, & particulièrement la Légiflation romaine, renfermoient fur cet objet des difpofitions atroces ; elles refufoient le nom d'hommes à ces êtres infortunés. Le meurtrier d'un efclave étoit condamné à la même peine, par la loi Aquilia, que le meurtrier du chien ou du cheval d'autrui (2).

---

(1) Plat. de Répub.

(2) *Digeft. lib.* 9, *tit.* 2, *leg.* 2, *ad legem Aqui-liam.*

Tyrans politiques, voilà donc vos dé-crets!..... O homme, que font deve-nus tes droits? Tu es dégradé, ton espèce est avilie, parce que les chefs que tu t'étois donnés ont outragé la nature.

Ce Lycurgue, cet homme qui a été regardé comme une des merveilles de l'antiquité, auroit-il condamné à perdre la vie, des enfans qui avoient le mal-heur de naître avec un tempérament foi-ble & délicat, s'il avoit lu dans le livre sacré de la nature le dogme inaltérable de la conservation de l'espèce (1) ? auroit-il autorisé l'adultère, lorsque le mari le per-mettoit? (2) Chaque homme, il est vrai,

---

(1) Si l'enfant leur sembloit laid, contrefait, ou fluet, ils l'envoyoient jeter dedans une fondrière, qu'on appe-loit vulgairement les *apothetes*, comme qui diroit les dé-positoires, ayant opinion qu'il n'étoit expédient, ni pour l'enfant ni pour la chose publique, qu'il vécût, attendu que, dès sa naissance, il ne se trouvoit pas bien composé pour être sain, fort, & roide toute sa vie. *Plutarque, vie de Lycurgue, traduction d'Amyot, pag.* 31, *édit. in-fol.* 1583.

(2) Pourtant n'étoit-il point reprochable à homme qui se trouvait jà sur l'aage, & eût jeune femme, s'il

peut donner ce qui lui appartient ; mais
dans la fomme des droits , il en eft beaucoup qui ne font fufceptibles ni de tranfport ni de ceffion. Tel eft le droit de l'exiftence , tels font les droits renfermés dans
l'acte du mariage.

Le Préfident de Montefquieu rapporte
une loi de Gondebaud, Roi de Bourgogne,
qui ordonnoit que fi la femme ou le fils de
celui qui avoit volé , ne révéloit pas le
crime, ils fuffent réduits en efclavage (1).
Il parle d'une autre loi de Receffuinde ,
qui permettoit aux enfans de la femme
adultère de l'accufer , & de mettre à la
torture les efclaves de la maifon (2).
Voilà deux lois qui , pour conferver les
mœurs, comme dit Montefquieu , renver-
foient la nature , d'où tirent leur origine
les mœurs. Le refpect & l'amour filial

____

voyoit quelque beau jeune homme qui lui agréaft & lui
femblaft de gentille nature, le mener auprès de fa femme....
& puis avouer le fruit qui en naiffoit, comme s'il eût été en-
gendré par lui-même. *Plutarque* , ibidem.

(1) Efprit des Lois , lib. 26 , cap. 4.

(2) Cette loi fe trouve dans le Code des Wifigoths, liv. 3,
tit. 4 , §. 13.

font des devoirs facrés. C'eſt un fentiment de la nature qui nous agite, lorſque nous éprouvons une horreur fecrète à dévoiler les fautes de ceux à qui nous devons l'exiſtence. C'eſt ce fentiment qui nous oblige à les cacher avec autant de foin que nos propres erreurs ; & fi la loi nous ordonne de les produire au grand jour, la nature, plus puiſſante que la loi, nous ordonne de les voiler. Loin d'arrêter l'action de la nature, les lois doivent lui donner une plus grande intenſité, & n'oppoſer leur force de réſiſtance qu'au torrent des crimes qui gronde autour de nous. La pudeur, par exemple, eſt un fentiment naturel, qui ſuffit pour éloigner l'homme des délits. Une loi qui auroit pour objet de la détruire, feroit très-dangereuſe. On a fait ces reproches à celle de Henri II, qui condamnoit à mort une fille dont l'enfant avoit péri, en cas qu'elle n'eût point déclaré ſa groſſeſſe au Magiſtrat.

Je ſuis bien éloigné de vouloir juſtifier ici le crime affreux de ces femmes qui, violant les plus faintes lois de la nature, font de leurs malheureux en-

fans les victimes de leur férocité : je rends
juftice à la pureté des intentions du Légiflateur ; mais je prie le lecteur de faire
quelque attention aux réflexions fuivantes.

Sont-ce les lois qui attachent aux accou-
chemens clandeftins une forte d'infamie ?
Non, c'eft l'opinion, c'eft la pudeur qui
font naître cette honte falutaire. C'eft donc
une contradiction bien étrange d'exiger
d'une jeune fille qu'elle aille faire, avec
appareil, devant un Magiftrat, la confi-
dence de fa foibleffe, & qu'elle lui révèle
les funeftes effets de ce moment d'erreur.
La loi de Henri II avoit pour objet la confervation de l'enfant ; mais n'auroit-elle
pu parvenir à ce but, fans employer un
moyen fi violent? Il fuffifoit, ce me femble, d'obliger la mère à faire part de fon
état à un honnête homme de fa connoiffance, qui auroit veillé lui-même à la
confervation de l'enfant. Pourquoi donc
punir dans une jeune fille le refpect pour
la loi de la pudeur? pourquoi confondre
avec l'infanticide, une mort qui n'a pour
caufe qu'un défaut de fecours, produit par
le befoin de cacher fa foibleffe ? pourquoi

affassiner en même temps, par cette loi sanguinaire, & l'enfant, & la mère, & toute leur postérité? *Il est aussi déraisonnable*, dit Montesquieu, *d'exiger d'une fille qu'elle fasse cette déclaration, que de demander d'un homme qu'il ne cherche pas à défendre sa vie* (1) : il auroit pu ajouter, *ou que de l'obliger à se tuer de ses propres mains.* Une telle loi ne peut donc avoir ce caractère de bonté que j'appelle bonté absolue.

Voyons maintenant si ces principes universels de la morale peuvent, en certains cas, être modifiés par les lois. C'est pour deux époux un sentiment de la nature, que le besoin de se secourir réciproquement. Une loi des Achéens dispensoit de ce devoir le mari de la femme adultère. La loi naturelle n'étoit pas altérée par cette disposition ; elle étoit modifiée d'une manière utile.

Le mariage étoit, chez les Grecs, un contrat obligatoire de part & d'autre. Après l'adultère, la loi ne voyoit plus, dans le mari & dans la femme, que deux

____

(1) Esprit des Lois, liv. 26, chap. 3.

citoyens, & fon objet étoit purement politique. Perfuadé que les mœurs font le
fondement de toute fociété civile, Solon
ne travailloit qu'à le rendre inébranlable.
Une de fes lois obligeoit les enfans de
nourrir leurs pères accablés de misère;
elle exceptoit ceux qui étoient nés d'une
femme publique, ceux dont le père avoit
expofé la pudicité par un commerce infame (1), & ceux à qui il n'avoit point
fait apprendre de métier pour gagner leur
vie (2).

Montefquieu, réfléchiffant fur cette
loi des Athéniens, dit, que dans le premier cas elle confidéroit que le père fe
trouvant incertain, il avoit rendu précaire
fon obligation naturelle; que dans le fecond il avoit flétri la vie qu'il avoit donnée,
& que le plus grand mal qu'il avoit pu
faire à fes enfans, il l'avoit fait, en les
privant de leur caractère; que dans le

____

(1) Voyez le Commentaire de Samuel Petit fur les
lois d'Athènes, *lib. VI, de connubiis, tit. V. de pueroruu
amoribus, & productione, & fcortis.*
(2) Plutarque, dans la vie de Solon.

troisième il leur avoit rendu insupporta-
ble une vie qu'ils trouvoient tant de difficulté à soutenir (1).

Toutes ces exceptions ne font que des
modifications utiles du précepte naturel
qui ordonne aux enfans de nourrir leurs
pères.

Le second objet de la bonté absolue
des lois, est la religion. Si elle est le développement & la modification des principes universels de la morale, les lois ne peuvent ni la détruire ni l'affoiblir ; ce seroit
ébranler un édifice élevé par un être qui a
les premiers droits à notre obéissance. La
religion doit donc servir de guide au Législateur. Le Décalogue seul renferme
en peu de préceptes ce que cent volumes
de morale pourroient à peine contenir.
Les devoirs de l'homme envers Dieu,
envers lui-même, envers ses semblables,
y sont établis de la manière la plus lu-
mineuse. Le culte intérieur & extérieur
qu'on y prescrit, est, de tous les cultes,
le plus pur & le plus religieux. La

____

(1) Esprit des Lois, liv. 26, chap. 5.

superstition,

superstition & l'idolâtrie en sont également bannies. La paix domestique, l'honnêteté conjugale, la tranquillité publique en sont comme les conséquences. Qui ne voit combien peut être utile à la Législation un modèle si parfait ? Si au milieu des erreurs de tous les Gouvernemens de l'Europe, on voit luire quelques traits d'humanité, c'est un bienfait dont nous sommes redevables à la religion, qui, développant les principes éternels de l'union & de l'amour réciproque des hommes, & fondant aux pieds des autels leurs droits d'égalité, a raffermi leur liberté naturelle par la proscription de la servitude. Ce chêne antique dont l'ombre avoit, dans tous les temps, couvert la terre d'un pole à l'autre, a disparu de l'Europe depuis l'établissement du Christianisme. Nous pouvons, avec justice, disputer à nos pères la première place au trône de la raison & de l'humanité. Ni la jurisprudence de l'Egypte, ni celle de la Grèce, ni celle de Rome ne peuvent, sur ce point, être comparées à la nôtre. Ce n'est pas dans l'histoire de ces peuples que nous trouverons un Légiflateur qui ait respecté & défendu les droits imprefcriptibles de la liberté de l'homme. Nous n'en verrons aucun qui ait penfé que dans le Code de la nature, il n'exifte aucun titre propre à légitimer l'efclavage, ni aucun prix digne de le payer.

Le raifonnement féroce qui, d'un prétendu droit du vainqueur fur la vie du vaincu, déduifoit le droit, encore plus abfurde, de le priver de fa liberté, en compenfant, par l'efclavage, l'abandon qu'on lui faifoit de la vie; ce raifonnement a été effacé du nouveau droit des gens, comme le droit de vendre fa liberté ou celle de fes enfans, l'a été du droit civil moderne. A peine la guerre eft-elle finie, que les chaînes des prifonniers font brifées : le vainqueur rend au vaincu fa liberté, fa patrie, & fes biens (1). Le guerrier ne craint plus l'efclavage, & le citoyen le redoute encore moins.

---

(1) Si on n'ufe pas de cette générofité envers le pirates des côtes d'Afrique, c'eft que les nations de l'Europe font toujours avec eux dans un état de guerre.

Un enfant n'a plus le malheur d'être exposé , comme il l'étoit à Rome , au danger d'être vendu par un père qui ne peut pas le nourrir (1). Les lois ont élevé des afiles en l'honneur de l'humanité fouffrante , & la misère y va dépofer fans crainte les trifles fruits de fes plaifirs (2).

La vente de fa liberté n'eft pas auto-rifée par nos lois , comme elle l'étoit chez les Romains dans certains cas (3).

---

(1) Les lois des douze tables , en donnant aux pères un droit illimité fur leurs enfans , leur accordoient auffi le droit de les vendre. Voyez Godefroy , *in fragment. ad LL. 12 tabul. lib.* 1 , *tabul.* 4. Ces ventes furent enfuite prof-crites par les lois que firent les Empereurs pour corriger celles des douze tables. Voyez le refcript de Dioclétien & Maximien. *Leg. 6 , Cod. de patriâ poteftate.* Mais enfin, quelque temps après , Conftantin , par la loi 2 & dernière du Code , au titre *de patribus qui filios fuos diftraxerint ,* permit aux pères de vendre leurs enfans *victûs caufâ.*

(2) A Athènes , on commettoit une autre cruauté. Il y avoit un tribunal chargé d'examiner la naiffance de tous les citoyens. Si l'on découvroit que quelqu'un d'entre eux ne fût pas né d'un mariage légitime , il étoit fur le champ privé de fa liberté & vendu comme efclave. Voy. *Putter. Archæolog. græc. lib.* 1 , *cap. 9.*

(3) Un homme libre , déguifant fa condition , fe faifoit

Il n'eſt plus permis au citoyen de renon‐
cer ainſi au ſeul droit qui lui appartienne,
& aucune circonſtance ne peut lui impo‐
ſer le beſoin d'un pareil ſacrifice. Les
mêmes lois qui d'une main anéantiſſent
les actes injurieux à la nature, lui offrent
de l'autre la ſubſiſtance & la liberté.

Enfin le débiteur inſolvable, condamné
par les lois des douze tables, ou à devenir
eſclave de ſon créancier, ou à être mis
en pièces lorſqu'il y a un grand nombre
de créanciers (1), n'eſt plus obligé main‐

---

vendre par un patron ſuppoſé : *venum ſe dari paſſus eſt.*
Cette vente étoit valable. Voyez la loi *liberis*, 3 , §. *ſi quis
minor*, *ff. de liberal. cauſ.*

(1) Cette atrocité n'eſt pas l'ouvrage des ſeules lois des
douze tables : elle a été en uſage chez la plus grande partie
des peuples de l'antiquité. Les Athéniens l'avoient adop‐
tée. (*Plutarque, vie de Solon.*) Les Germains pratiquè‐
rent cette coutume , malgré leur fanatiſme pour la liberté.
(*Tacit. de morib. Germanor.*) Mais ce n'eſt que dans
les lois des douze tables qu'on voit juſtifier l'acte le plus
féroce que la barbarie de l'homme ait jamais pu imaginer.
*At ſi plures erunt rei , tertiis nundinis partes ſecanto. Si
plus minuſve ſecuerint , ſine fraude eſto. Si volent ultrà
tiberim peregrè venum danto.* Voilà les propres expreſſions
de la loi.

Le temps qui, nous a fait perdre pluſieurs réglemens ſages,

tenant qu'à annoncer la ceſſion de ſes biens ; & ſi la cérémonie à laquelle on le ſoumet eſt contraire à la décence & à l'humanité , elle ſuffit du moins pour lui procurer la liberté & le repos qui lui ſont néceſſaires. (1) Voilà comme le droit

---

renfermés dans ces lois , nous a malheureuſement conſervé ce fragment horrible. Je n'ignore pas que le célèbre Bincherſoeck & d'autres juriſconſultes modernes ont donné un ſens différent à l'expreſſion littérale de la loi. Mais je vois auſſi que Quintilien, dans ſes *Inſtitutions oratoires ,* *lib.* 1 , *cap. 6 ,* & beaucoup d'autres Auteurs anciens ont parlé de cette loi dans le ſens naturel du mot. Je vois dans Aulugelle (*Noct. attic. Lib. 20 , cap. 1*) un philoſophe qui la condamne , & un juriſconſulte qui l'approuve ; & ni l'un ni l'autre ne diſent rien qui annonce qu'il y a dans ce fragment quelque caractère d'allégorie. Je vois enfin que Tertullien ſe ſert de cette loi même , contre laquelle il s'élève avec véhémence , pour prouver l'imperfection des lois romaines. (*Apoleget. cap.* 4.) L'opinion des Anciens doit , ce me ſemble , ſur un point d'antiquité , l'emporter ſur l'opinion des Modernes.

(1) Les formalités qui accompagnent , à Naples , la déclaration de ceſſion que fait le débiteur, ſont plus propres à faire rire qu'à inſpirer la pitié. Le débiteur, enveloppé d'une robe de chambre , eſt conduit vers la colonne deſtinée à cette cérémonie ; & tandis qu'il l'entoure de ſes bras , & qu'un Héraut crie , *cedo bonis* , on retrouſſe ſa robe , & on fait voir ſon derrière aux ſpectateurs. Cette cérémonie achevée , le débiteur eſt mis en liberté.

F 3

civil & le droit des gens ont été ennoblis
& perfectionnés par la religion : & plût à
Dieu que l'esprit & les principes de sa
morale euffent toujours dicté les décifions
de nos Légiflateurs ! La fuperftition n'auroit pas enfanglanté nos Codes; & l'efclavage, profcrit des contrées de l'Europe ,
ne feroit pas allé chercher un afile en
Amérique, fous la protection de ces
mêmes lois qui l'avoient fait fuir du milieu de nous. Les bords affreux du Sénégal ne feroient pas devenus le marché
où les Européens vont trafiquer à vil prix
des droits inviolables de l'humanité. L'a-
varice , toujours audacieufe & toujours
infatiable, ne courroit pas, à travers les
naufrages , acheter, au milieu des tigres
& des fables brûlans de l'Afrique , les
victimes de fon atroce cupidité ; & les
Européens n'auroient pas la honte de
voir leurs vaiffeaux quelquefois chargés
d'hommes qui favent d'un coup de poi-
gnard s'arracher à la mort de l'efclavage.

Mais qui le croiroit ? Tandis que le
Chriftianifme fait fentir dans toute l'Europe fon influence bienfaifante , tandis

que nos lois défendent ici la liberté de l'homme, & que l'humanité réclame ses droits avec tant d'énergie ; l'Amérique Européene est couverte d'esclaves. Non seulement les lois se taisent sur cette violation des droits de la nature, mais elles font plus, elles protègent ce commerce infame ; & l'on ne trouve qu'une petite région, composée d'hommes vertueux, qui ait voulu se soustraire à cette injustice & au scandale de la postérité. La seule Pensylvanie n'a plus d'esclaves.

Le progrès des lumières, secondé par les vertus des Souverains, nous fait espérer que cet exemple sera bientôt imité par le reste des nations. Alors nos Codes seront plus conformes aux principes de la nature & de la religion, & notre supériorité sur les anciens sera plus constante & plus sûre.

Je passe rapidement sur ces objets, parce que je crains de ressembler à ces écrivains qui se fatiguent à démontrer des vérités dont tout le monde convient. J'aurois même gardé le silence sur cet objet, si la nature du travail que j'ai entrepris,

& l'ordre de fa diftribution ne m'euffent impofé une loi contraire.

Après avoir offert quelques idées générales fur la *bonté abfolue* des lois, je vais parler de leur *bonté relative*.

CHAPITRE V.

De la bonté relative des lois.

LA diverfité des caractères & du génie des hommes, leur inconftance & l'inquiétude de leur efprit fe communiquent au corps politique, comme dans les ouvrages de l'art, l'imperfection des parties forme l'imperfection de l'enfemble. Les nations ne fe reffemblent pas, & les Gouvernemens n'ont point les mêmes rapports. Il femble que la nature, avide de manifefter fa grandeur dans la variété de fes productions phyfiques, veuille encore faire éclater fa puiffance dans la variété des êtres moraux.

Chaque Gouvernement a fon principe particulier, qui, dans un temps, le fait

agir, & dans un autre temps, le laisse
dans l'inaction. Les mœurs d'un siècle
ne sont pas celles du siècle qui l'a précédé, ni de celui qui le suit. Les intérêts
des peuples changent avec les généra-
tions, & la moindre différence de climat
ou d'époque suffit pour rendre dange-
reuses les choses même les plus utiles
dans d'autres circonstances.

Les lois doivent-elles donc suivre cette
inconstance & cette variété des corps
politiques ? Un seul fait peut résoudre
cette question.

Un Législateur déteste les richesses ;
il bannit de sa République l'or & l'argent,
prohibe le commerce, travaille à établir
l'égalité des conditions, &, pour la maintenir plus sûrement, fixe les dots, dirige
l'ordre des successions, détruit la propriété, veut que toutes les terres ap-
partiennent à la République, qui doit
en distribuer une portion à chaque père
de famille, pour qu'il en jouisse en qualité d'usufruitier, proscrit le luxe, crée
pour la frugalité une nouvelle sorte de
gloire, avilit les manufactures, aban-

donne la terre à des mains efclaves ¯, &
défend aux citoyens de fe livrer à d'autres
occupations qu'aux exercices du corps
& à l'art de la guerre.

Il voue fes citoyens à une ofiveté
guerrière; mais pour en prévenir les fuites
funeftes, il règle toutes leurs actions : leur
nourriture, leurs tables, & jufqu'à leurs
difcours dans les promenades publiques,
font fixés par les lois. La danfe, la courfe,
la lutte, tout ce qui peut fortifier le
corps & le rendre plus propre aux fati-
gues de la guerre, devient l'objet des
fpectacles publics, & une fource d'eftime
& de confidération pour le citoyen : il
prévient le libertinage par un moyen qui
femble devoir le faire naître & l'entretenir : il veut que les jeunes filles
marchent toujours le vifage découvert,
& que, dans les exercices publics, elles
combattent toutes nues avec les garçons,
perfuadé que le moyen le plus fûr d'affoiblir les impreffions de la nature, eft
d'accoutumer les fens à ce fpectacle &
à l'activité de fes effets.

L'événement juftifie ce fyftême. La

République de Lycurgue devient l'admiration de l'univers, & conserve pendant six cents ans son bonheur & sa gloire.

Le Légiflateur d'une autre République, féparée de la première par un efpace de quelques lieues, a des idées abfolument contraires. Ses lois protègent le commerce, vivifient les arts, encouragent l'agriculture, excitent au travail, & amènent de tous côtés les richeffes & les talens. Il voit fa République attaquée par un vice intérieur, par la ftérilité du fol; il appelle à fon fecours l'induftrie.

Il veut que chacun de fes citoyens exerce un métier, difpenfe le fils de l'obligation de nourrir fon père, qui, en ne lui faifant apprendre aucun art, ne lui a pas donné les moyens de gagner fa vie, & charge une affemblée de citoyens refpectables d'exáminer de quelle manière chaque membre de l'Etat pourvoit à fa fubfiftance.

Il prefcrit le travail comme une loi à tous les citoyens; mais il défend de gêner leur liberté dans le choix de leurs opérations; il donne le droit de cité aux ouvriers étrangers qui viennent avec leurs familles s'établir dans la ville pour y exercer leur profeſſion. La liberté, le beſoin, la loi, tout y favoriſe les arts. L'oiſiveté eſt punie comme un crime : les femmes doivent être laborieuſes, & vivre retirées dans leurs maiſons, parce que la loi le veut ainſi. Le Légiſlateur croit pouvoir, ſans autre moyen que le travail, repouſſer la corruption des mœurs & maintenir l'honnêteté des deux ſèxes au milieu de l'opulence dont il cherche à les environner, & du luxe qui doit ſuivre l'opulence. A l'aide de ces lois, ſa République devient riche, heureuſe, & puiſſante ; & ſi, comme Lacédémone, elle ne peut les conſerver pendant une durée de ſix ſiècles, elle a du moins la gloire unique de ſurvivre à ſa liberté.

Laquelle de ces deux Légiſlations eſt la meilleure ? Je réponds à cela que Sparte ne pouvoit avoir d'autres lois que celles de Lycurgue, & Athènes que celles de Solon. L'un & l'autre ſyſtême eurent exactement des effets ſemblables, malgré la différence & même la contrariété des

caufes : tous les deux furent conformes
à l'état des Républiques auxquelles on
les adaptoit ; & cette conformité, ce
rapport des lois avec l'état de la nation qui
les reçoit, eft ce que j'appelle *bonté relative.*

CHAPITRE VI.

De la décadence des fyftêmes de lois.

SI le meilleur fyftême de lois eft celui qui
eft le plus conforme à l'état de la nation
qui le reçoit ; fi dans ce rapport confifte la
bonté relative des lois ; fi deux Légiflations oppofées peuvent être également
utiles à deux nations différentes ; fi l'état
d'une nation peut changer avec les circonftances qui l'avoient formé ; fi de la
mifère elle peut s'élever aux richeffes,
& tomber de l'opulence au fein de la
pauvreté ; fi la perte ou le gain d'une
province peut faire changer de face aux
intérêts d'un peuple entier ; & fi la plus
légère alteration dans le fyftême confti-
tutif d'un Gouvernement, peut en pro-

duire une très-grande dans le caractère national : qui osera douter que la meilleure Législation ne puisse devenir la plus imparfaite, & que les mêmes lois qui, dans un temps donné, étoient les plus avantageuses à un peuple, ne soient les plus nuisibles pour lui-même dans un autre temps ? L'histoire de Rome & de ses lois nous en offre une preuve.

Rome destinée à périr au moment de sa naissance ; Rome également incapable de supporter les chaînes du despotisme & de goûter les douceurs de la liberté (1), devenue la proie des guerres civiles peu après l'expulsion des Tarquins, entraînée à chaque instant vers les désordres de l'anarchie par le choc continu de deux partis redoutables ; Rome devoit nécessairement combattre, pour ne pas périr, & chercher la guerre au dehors, pour conserver la paix dans ses murs.

Ses Législateurs sentirent bien cette vérité, & ils élevèrent sur ce plan tout le système de leurs lois.

____

(1) *Nec totam libertatem, nec totam servitutem pati possunt.* Tacit.

La conquête fut le grand objet de la Législation ; c'étoit le seul qu'il leur convînt alors d'adopter. Ils trouvèrent le moyen de lier, par leur propre intérêt, tous les citoyens & tous les ordres de la République à ces entreprises guerrières. Le butin étoit distribué aux soldats ; on donnoit aux citoyens qui restoient dans la ville, une portion du froment qu'avoit payé aux vainqueurs la nation subjuguée ; on se servoit encore avec succès du grand ressort des récompenses & des honneurs. Les couronnes, ornement de la divinité, du sacerdoce, & de l'Empire, furent, dans Rome, destinées à la valeur & à la victoire. On sait qu'ils en eurent de plusieurs sortes, & que celle qui avoit le moins de prix, la couronne de laurier, étoit donnée aux citoyens qui avoient négocié ou raffermi la paix avec les ennemis (1). C'est dans la distribution de

____

(1) La couronne triomphale étoit aussi de laurier ; mais on ne la donnoit qu'au Général qui avoit livré quelque bataille ou conquis quelque province : comme cette couronne étoit, de toutes, la plus glorieuse, on voulut la distinguer de la couronne de laurier accordée aux né-

cette récompenſe qu'on obſerve ſur-tout
l'eſprit de leurs lois. Celui qui avoit procuré la paix à ſa patrie , ayant fait de
toutes les actions , celle qu'on déſiroit
le moins , recevoit auſſi une moindre
récompenſe.

Il falloit encore que les Conſuls euſ-
ſent intérêt à faire la guerre : on établit
donc qu'ils ne pourroient obtenir l'honneur du triomphe qu'après une conquête
ou une victoire.

Enfin , le ſacerdoce lui - même , le
ſacerdoce trouva auſſi ſon intérêt dans
la guerre. Comme les dieux des peuples
vaincus étoient adorés dans le capitole ,
& que les Romains croyoient réparer les
outrages faits aux nations , en introdui-
ſant chez eux le culte de leurs divinités
tutélaires , le ſacerdoce voyoit ſe multiplier , avec les conquêtes , les dieux , les
temples , les offrandes , ſource féconde
de ſes richeſſes.

---

gociateurs de la paix ; en conſéquence le Conſul Claudius Pulcherius , l'an de Rome 569 , introduiſit l'uſage de
dorer le cercle de la couronne triomphale.

Les

Les citoyens & les chefs de l'Empire, les soldats & les prêtres, tous voyoient dans la guerre le fondement de leurs espérances. Cette combinaison sublime, cette unité d'intérêts devoient sans doute laisser hors de l'Etat une porte toujours ouverte à la guerre, & maintenir la tranquillité parmi le peuple, toujours occupé, toujours distrait par l'espoir d'une nouvelle conquête : cette politique devoit encore mettre un jour les Romains dans une situation où ils n'auroient plus d'ennemis à combattre. Ils parvinrent en effet à ce dernier période, & alors la Législation de Rome, qui, jusqu'à ce moment, avoit été la plus propre à garantir, sous les auspices de la guerre, la paix intérieure & la liberté, privée de cet instrument de sa grandeur, n'eut plus de rapport avec l'état de la République ; & celle-ci, déchirée par les dissentions intestines que ses lois ne pouvoient plus arrêter, perdit sa liberté au milieu des désordres de l'anarchie.

Les systêmes de lois les plus parfaits

ont donc auſſi leurs révolutions (1) ; & les mêmes cauſes qui ont fait naître la grandeur & l'opulence d'un peuple, ne peuvent pas toujours le conſerver dans cet état. Nous avons obſervé ce phénomène dans la Légiſlation de Rome , & nous aurons occaſion de l'obſerver encore dans la Légiſlation de quelques Empires modernes. Il ſuffit en ce moment de ſavoir que l'imperfection ſe trouve quelquefois dans les parties & quelquefois dans l'enſemble ; afin de connoître dans quel cas il faut réparer l'édifice , & dans quel cas il eſt eſſentiel de le renverſer ſur ſa baſe. La première de ces opérations n'eſt pas difficile à exécuter : mais combien d'obſtacles préſente la ſeconde !

---

(1) Perſonne n'a mieux connu cette vérité que Locke. Chargé de rédiger un Code de lois pour la *Caroline* , il vouloit que ce Code ne ſubſiſtât pas au delà d'un ſiècle ; & c'eſt ainſi que penſent tous les Légiſlateurs philoſophes.

CHAPITRE VII.

Des obstacles attachés au changement d'un système de Législation, & des moyens de les surmonter.

SI l'exécution des lois est subordonnée à la persuasion des citoyens ; si leur force est inséparable de la conviction de l'esprit, d'où naît une obéissance libre, facile & universelle ; s'il ne suffit pas que les institutions nouvelles soient produites seulement par le besoin, mais s'il faut encore qu'elles soient inspirées par une sorte de cri public, ou qu'elles soient du moins conformes au vœu général ; si c'est une erreur d'agir sans consulter la volonté générale, sans recueillir, pour ainsi dire, cette pluralité de suffrages qui composent l'opinion publique, & que cette erreur suffise pour aliéner l'esprit & le cœur de tous les citoyens, & même pour inspirer de l'aversion ou de la défiance contre les choses les plus utiles & les plus honnêtes, sur-tout en matière de lois ;

fi l'on fonge à tous les foupçons de l'ignorance, à toutes ces clameurs des intérêts
particuliers qui fe heurtent fans ceffe,
& qui, par le bruit & l'efpèce de féduction
qui les accompagnent, doivent faire taire
l'intérêt public; fi l'on penfe aux com-
plots de l'envie, à l'aveugle vénération
du vulgaire pour tout ce qui porte l'empreinte de l'antiquité, & à fa haîne dé-
daigneufe pour tout ce qui eft nouveau,
& fur-tout pour le bien qu'on fait fous
fes yeux : on fentira combien de difficultés la politique doit avoir à vaincre,
lorfqu'elle s'occupe à renverfer l'ancienne
Légiflation d'un peuple, pour replacer
fur fes ruines un autre fyftême de lois
plus conforme aux nouvelles habitudes
des hommes & au progrès des lumières.

Toutes ces réflexions, dictées par la
raifon & par l'expérience, m'engagent à
expofer ici les moyens que je crois les
plus propres à détruire ou au moins à
diminuer la réfiftance de tant d'obftacles.

Il eft effentiel d'abord de faire en forte
que la nation défire une réforme. Il faut
donc que les efprits s'y préparent comme

d'eux-mêmes : mais cette difposition n'eft pas l'ouvrage d'un moment. Il importe enfuite de faire fentir aux citoyens l'impuiffance des lois anciennes, en leur démontrant qu'elles font la fource de tous les maux qui les affligent : & c'eft alors que le Gouvernement doit recourir à l'autorité du génie. Alors la raifon de l'Ecrivain, dirigée vers l'adminiftration publique, indiquera une route nouvelle à la fcience des lois, en éclairant les hommes fur les erreurs des fiècles qui les ont précédés, & fur les maux qu'elles leur caufent encore, & elle leur démontrera la néceffité de les détruire. Alors enfin la voix de l'inftruction, unie aux efforts du Gouvernement, fera difparoître ce fanatifme de l'antique Légiflation ; & dans l'état des chofes cette difpofition des efprits paroît abfolument déterminée.

Les plus grands Ecrivains fe font occupés à ébranler fur ce point l'ignorance publique. L'état informe de la Légiflation, chez prefque tous les peuples de l'Europe, a été peint des couleurs les plus vraies & les plus fortes. Des lois créées pour un peuple libre d'abord , ensuite esclave ; recueillies par un jurisconsulte pervers, sous un Prince imbécille ; confondues dans une multitude immense de lois particulières qui se contredisent , & de décisions du barreau qui les éludent ; mêlées à tant d'usages & de coutumes barbares que firent naître au milieu de nous l'ignorance & la stupide férocité de l'anarchie féodale : de telles lois devoient perdre facilement leur ancienne autorité dans l'esprit des hommes. Et en effet , l'opinion publique a tellement changé à cet égard , que , si l'on excepte un ordre d'hommes particulièrement destiné à conserver & à consulter ces livres mystérieux, il n'est aucun citoyen qui ne désire la réforme de nos Codes.

Après ce premier pas , il en reste un autre à faire. Il ne suffit pas de prévenir le public contre les lois anciennes , il faut encore lui inspirer de la confiance dans les lois nouvelles. Les moyens de produire cet effet doivent être sensibles, & naître de l'opinion elle-même. Ce seroit, par exemple , une erreur bien funeste de faire croire aux citoyens qu'un seul homme puisse être chargé de ce grand travail. Une société d'hommes les plus estimés par la nation, en même temps qu'elle oppose une barrière aux efforts de l'envie, excite la confiance, le respect & l'amour pour les nouvelles lois. Chez toutes les nations, dans tous les Gouvernemens, & dans tous les siècles, ces moyens ont été mis en usage.

A Athènes, on ne pouvoit proposer aux citoyens une loi nouvelle, si le Sénat ne l'avoit approuvée. Cette formalité remplie, la lecture en étoit faite dans l'assemblée du peuple. On en plaçoit une copie aux pieds de la statue des dix Héros, afin qu'elle pût être de nouveau lue & examinée par tout le monde. Pendant ce temps, chaque particulier avoit droit d'exposer au sénat ses réflexions sur la nouvelle loi. Dans une autre assemblée on en faisoit encore la lecture devant le peuple ; & lorsqu'il la trouvoit juste & nécessaire, il élisoit, avec le conseil des *Pritanes* qui présidoient ce jour-là, les *Nomothètes*, ou Législateurs, lesquels décidoient souverainement si la loi devoit avoir force d'exécution (1). Ces *Nomothètes* étoient choisis parmi les juges qui avoient prêté le serment *héliastique*, & dans lesquels, comme l'on sait, le peuple.avoit la plus grande confiance (2). Le sénat, le peuple, & les jurisconsultes les plus éclairés devoient donc concourir à la formation des lois. Cette coutume des Athéniens a été imitée par la République de Venise. La nouvelle loi, d'abord soumise à l'examen du Doge & des Conseillers, demeure ensuite publiquement exposée pendant huit jours aux observations de tous les particuliers : ce n'est qu'après ce terme qu'elle est portée dans l'assemblée des Grands, dont le consentement suffit dans les autres Etats aris-

------

(1) Voyez le Traité de *Samuel Petit* sur les lois d'Athènes, *de legibus*, lib. 1, tit. 1, *legum recensio*.

(2) Voyez *Pollux*, lib. 8, cap. 10, & *Etienne de Bysance* au mot πλιθια. Voyez encore ce que dit *Petit* sur le serment des juges d'Athènes, & en particulier sur le serment *héliastique*, ainsi nommé, parce que les juges qui le prêtoient, ne pouvoient exercer les fonctions de leur ministère, qu'en se réunissant dans un lieu absolument découvert par le haut, & exposé au soleil.

tocratiques pour donner vigueur à une loi. Mais les Conseillers font à Venife ce que les *Nomothètes* étoient à Athènes, c'eft à-dire, des hommes en poffeffion de former l'opinion d'un peuple qui ne fauroit jamais douter de la juftice & de l'utilité de tout ce qui a été approuvé par eux (1).

Si l'on fait attention à l'hiftoire politique de toutes les nations, on verra que leurs Légiflateurs ont toujours fait ufage d'une forte de folennité myftérieufe, pour captiver en leur faveur l'opinion du peuple. Minos alloit tous les neuf ans, au rapport d'Homère, dans l'antre de Jupiter, & il perfuadoit aux Crétois que, dans ce lieu, le Maître du ciel lui infpiroit les lois qu'il leur donnoit enfuite (2). Zalmoxis en Thrace (3),

---

(1) Le *Wittenagemot* des Anglo-Saxons reffembloit au Confeil de Venife. C'étoit une efpèce de fénat où l'on examinoit les lois qui devoient être propofées dans la grande affemblée de la nation.

(2) Voilà pourquoi Homère l'appelle : *O novennalis Legiflator fupremi Numinis.* Plat. in min.

(3) Herodote, lib. 4, n. 94 & 95.

& Zaleucus chez les Locriens (1), vou-
lurent aussi faire descendre du trône de
la Divinité les lois qu'ils annonçoient à
leurs peuples.

Lycurgue, persuadé que l'ignorance
& la superstition du vulgaire sont le
meilleur instrument dont on puisse se
servir pour maîtriser sa volonté, attribua
ses lois à Apollon (2). On connoît, dans
l'histoire de Rome, les noms célèbres
du Dieu *Consus* & de la Nymphe *Egérie*,
que Romulus & Numa faisoient regarder comme les oracles de leurs lois.

Il n'en est pas d'un peuple encore dans
l'enfance, comme d'une nation parvenue à l'état de maturité. Romulus &
Numa surent fixer l'opinion d'un peuple
naissant, mais par des moyens que leurs
successeurs ne pouvoient plus mettre en
usage pour un peuple civilisé. En effet,
dans des siècles plus reculés, on établit
à Rome, que les Consuls, les Tribuns du
peuple, & tous les Magistrats supérieurs

____

(1) Ælian. Var. Histor. lib. 2, cap. 37, & lib. 13, cap. 24.
(2) Plutarque, vie de Lycurgue.

ne pourroient, dans les comices, propofer aucune loi, fans-avoir auparavant con-fulté les jurifconfultes les plus diftin-gués (1). Ce fut là peut-être une des caufes de ce refpect que les Romains eurent toujours pour leurs lois ; & tel eft l'exemple qui me fert à démontrer combien il importe de faire croire au peuple que les mêmes hommes auxquels il accorde un plus haut degré d'eftime, font encore chargés de la compofition de fes lois. Il eft au Nord de l'Europe, au milieu d'une nation qui a déjà commencé de jouer le plus grand rôle fur le théâtre de l'univers, un trône où ces idées ne paroîtront pas nouvelles. Lorfque Cathe-rine, animée d'une gloire bien plus noble fans doute que l'ambition de foumettre, par la force des armes, un Etat voifin qui avoit le malheur d'ignorer que des tré-fors & des efclaves font des barrières impuiffantes contre le génie & la valeur; lorfque Catherine, dis-je, a formé le

____

(1) Gravina. De origine juris civilis, lib. 1, cap. 49.

projet de donner à ſes peuples un nouveau corps de lois, elle a appelé de toutes les parties de l'Etat les hommes les plus dignes de partager ce travail auguſte : elle a fait plus encore, elle a laiſſé à ſes ſujets le choix de leurs Légiſlateurs (1).

« Mes enfans, a-t-elle dit aux députés de ſon vaſte Empire, examinez avec moi les intérêts de la nation ; que la main de la liberté pèſe les deſtinées d'un grand peuple dans la balance de la juſtice ; uniſſons nos vues ; travaillons de concert à faire partager à tous les citoyens les avantages précieux qui leur ſont dus : formons enſemble un corps de lois qui établiſſe ſur une baſe immuable le grand ouvrage de la félicité publique, & qui fixe pour toujours le ſort de vos concitoyens ».

Des lois qui s'avancent ſous des auſpices ſi heureux, & que précèdent tant de moyens propres à faire naître la confiance de la nation, pourroient-elles donc

---

(1) Chaque ville a envoyé des députés chargés de concourir à la compoſition du nouveau Code.

ne pas exciter l'acclamation publique ?
Quel citoyen oferoit douter de l'utilité de
ce nouveau Code , & balancer un moment
entre les lois anciennes & celles qu'il
doit recevoir ?

Si vous répondez à l'attente de vos
fujets , augufte Légiflatrice de Ruffie ,
vous ferez habiter le bonheur dans l'antique patrie des Scythes féroces , & vous
préparerez , par votre exemple , celui de
l'Europe entière.

Enfin le dernier , & peut-être le meilleur moyen de conquérir l'opinion du
peuple , eft de préfenter de la manière
la plus éclatante les lois deftructives de
tous ces maux qui attaquent la félicité
publique dans fa fource , & que la multitude fupporte avec tant de douleur.
Cette vérité a été bien fentie par un
Prince qui , de nos jours , a rendu fon
nom également illuftre dans les Cours
des Souverains & dans la retraite paifible
des fages. Aux vues excellentes qu'il a
renfermées dans fon nouveau Code ,
Frédéric a ajouté des lois propres à
diminuer les lenteurs de la procédure ,

fléau qui opprime la plus grande partie des nations de l'Europe , & dont elles se plaignent chaque jour avec tant d'amertume. Un procès, en suivant le cours de deux inflances , ne peut durer plus de deux ans dans les Etats de ce Roi. Un pareil réglement fuffiroit parmi nous , comme il a fuffi en Pruffe , pour infpirer une jufte prévention en faveur du nouveau fyftême de lois. Le peuple , alors délivré du fardeau qu'il portoit en murmurant , béniroit la main qui l'auroit fait difparoître, & chériroit les nouvelles , lois comme l'inftrument de fon bonheur.

Telles font les précautions que doit employer une fage politique pour prévenir les défordres toujours attachés aux révolutions des lois. Voyons maintenant s'il y a quelque moyen de retarder la décadence du fyftême légiflatif.

CHAPITRE VIII.

De la nécessité d'un Censeur des lois, & des devoirs de cette nouvelle magistrature.

LA décadence des systêmes de lois est une révolution politique, mais une révolution qui s'opère lentement & par degrés insensibles, & qui ne peut arriver à son dernier terme qu'après un intervalle de plusieurs siècles. Elle n'est donc & ne peut être subite que dans un seul cas, lorsqu'une nation passe tout à coup d'une forme de Gouvernement à une autre. Mais cette espèce de révolution n'est guère dans l'ordre des choses, à moins qu'il ne se rencontre, dans le même temps & dans les mêmes lieux, un Tarquin, une Lucrèce, un Brutus, & un peuple animé tout à la fois, & de l'amour le plus violent pour la liberté, & de la haîne la plus invincible contre ses chefs. Ce cas excepté, la Législation ne peut marcher qu'avec lenteur vers le terme de fa décadence. Il eſt donc preſque toujours poſſible de corriger ſes défauts. C'eſt l'importance de cet objet qui m'engage à démontrer combien ſeroit néceſſaire l'inſtitution d'un Cenſeur des lois. Cette magiſtrature, compoſée des citoyens les plus honnêtes & les plus éclairés, pourroit avoir une grande influence ſur le maintien de l'ordre ſocial. Une loi commence-t-elle à contrarier les mœurs, le génie, le culte, & l'état d'opulence d'une nation? le Cenſeur, chargé du ſoin de raffermir & conſerver ces rapports, fera voir ſur le champ la néceſſité de la réformer. Il y a plus; quelque excellente que puiſſe être une Légiſlation, elle a néceſſairement des vices particuliers, parce que l'imperfection eſt attachée à tous les ouvrages de l'homme. Si le temps nous les fait connoître, ce n'eſt pas lui qui les guérit. Occupée à d'autres travaux, diſtraite par d'autres ſoins, l'adminiſtration n'eſt avertie des erreurs politiques, qu'après avoir long-temps ſenti les maux qu'elles qu'elles ont fait naître : en attendant, les peuples souffrent, les philosophes réclament, & la Légiflation court à grands pas vers fa ruine.

L'établiſſement d'un Cenſeur préviendroit tous ces maux. Conſacré à la garde des lois, inſtruit de l'état de la nation, attentif à démêler & à faiſir toutes les cauſes du déſordre ; il apercevroit le premier les erreurs de la Légiflation ; & la nature du mal une fois connue, il ſauroit employer les moyens les plus propres à le détruire (1).

Jetons les yeux un moment ſur l'hiſtoire d'un peuple dont les lois, malgré l'effort du temps & les réclamations de la philoſophie, conſervent encore tout leur pouvoir dans la plus grande partie des nations de l'Europe. Les Romains avoient un Cenſeur des mœurs ; ils auroient dû avoir encore un Cenſeur des lois. Leur Légiflation, vraiment admirable pour l'enſemble pendant

______

(1) On ſent bien que cette magiſtrature ne pourroit avoir qu'une autorité *conſultative*. Avec des droits plus étendus, elle porteroit atteinte à l'autorité légiſlative.

Tome I.   H

un certain temps, fut toujours vicieuse dans ses détails : & parce que ces défauts ne furent jamais corrigés, les lois furent sans cesse en contradiction avec les mœurs & l'état de la nation. Leurs lois somptuaires, par exemple, telles qu'elles existoient au siècle de César, auroient pu convenir aux Romains du second & du troisième siècle (1) : & cependant ces lois faisoient partie du Code de la nation, dans le temps que cinquante mille drachmes suffisoient à peine pour la dépense d'un repas que Cicéron & Pompée demandoient à Lucullus, sans l'avoir averti de leur projet. Au milieu de cette troupe bruyante d'esclaves qui formoient le cortège ordinaire des citoyens Romains, les lois prescrivoient une frugalité qui ne sembloit être recommandée que pour faire naître le mépris, & qui ne pouvoit exister avec l'état d'opulence de la nation. Un Censeur auroit montré la nécessité de les abolir, & d'en composer de nouvelles plus appropriées aux circonstances.

Enfin cette magistrature ajouteroit à

______

(1) Voyez les lois *Orchia*, *Fannia*, *Didia*, *Licinia*.

tant d'avantages, le moyen de remédier à la multiplicité des lois. Celui qui propose un réglement, de quelque nature qu'il soit, peut-il avoir devant les yeux tous les cas particuliers qui doivent y être renfermés ; & l'omission d'un seul de ces cas ne rend-elle pas son ouvrage absolument imparfait. La politique n'a pû trouver encore le moyen de corriger ce mal.

Il suffit de considérer avec attention le système actuel des Gouvernemens de l'Europe, pour voir combien nous sommes loin de ce bonheur.

A peine un désordre se fait-il sentir dans une nation qu'aussi-tôt on voit paroître une nouvelle loi. Elle n'a pour objet qu'un seul cas particulier, qui, avec deux ou trois mots de plus ou de moins, auroit pu être compris dans une loi antérieure : mais il semble que, par une destinée fatale, la marche de la Législation doive ressembler à celle d'un homme qui court toujours devant lui, sans regarder un seul instant derrière. Telle est la cause de cette immense multitude de lois qui accablent tous les tribunaux de l'Europe, & qui

chez nous (1) rendent l'étude de la jurifprudence femblable à celle de l'écriture
chez les Chinois, lefquels, après vingt
ans de travaux affidus, favent à peine
lire (2).

Aux autres fonctions du Cenfeur on pourroit encore ajouter le devoir de fuppléer
au filence de la loi, en l'appliquant à tous
les cas que le Légiflateur n'auroit pu pré-
voir & énoncer, fans en multiplier inuti-
lement le nombre. Ainfi la Légiflation,
toujours corrigée, réformée ou développée avec foin dans fes différentes parties,
pourroit s'élever à un degré de perfection
& de folidité propre à la garantir des
outrages du temps, & à la défendre contre l'impétuofité des viciffitudes humaines
qui agitent tous les corps politiques, &
font à chaque inftant changer de face à

---

(1) A Naples.

(2) On peut voir le développement de toutes ces vérités dans un petit ouvrage que j'ai compofé il y a quelques
années, & qui a pour titre, *Réflexions politiques fur la
dernière loi du Roi, concernant la réforme de l'adminiftration de la juftice.*

la société. Ainsi, pour une seule loi de précepte, on ne verroit plus tant de lois d'exception, tant de lois interprétatives pour une loi fondamentale, & tant de lois nouvelles toujours en contradiction avec les anciennes; ainsi, nos Codes, vils dépôts aujourd'hui de confusion & de désordres, pourroient enfin devenir les monumens éternels de l'ordre public, & les recueils sacrés des droits & des devoirs de l'homme.

Les Athéniens sentirent la nécessité d'une magistrature qui surveillât toutes les parties de la Législation, & l'exercice, comme l'on sait, en fut confié aux *Tesmotètes*. Ils étoient chargés de revoir à chaque instant le recueil des lois, d'examiner s'il y avoit quelque contradiction entre elles, si elles avoient pour objet l'utilité publique, si le langage en étoit toujours clair & intelligible; en un mot, ils devoient, chaque année, instruire le peuple des corrections dont ce recueil leur paroissoit susceptible (1). Outre

______

(1) Voyez *Eschin. in Ctesiphon. & Potter. Archæolog. grac. lib.* 1, *cap.* 36.

H 3

cette infpection particulière, il falloit, tous les ans, & le onzième jour de la première Pritanie, relire au peuple fes lois. L'affemblée examinoit s'il étoit utile ou non de les corriger, de les réformer, ou d'y faire quelque augmentation. Si les lois offroient quelques défauts, on renvoyoit le jugement de cette affaire à la dernière affemblée de la même Pritanie : pendant ce temps, les Nomotètes chargés d'examiner l'objet de la conteftation, annonçoient au peuple leur avis, & les motifs fur lefquels il étoit appuyé ; & le peuple, inftruit par eux de tous les points de la queftion, délibéroit enfuite (1). Voilà la manière de prévenir la décadence des fyftêmes de lois.

---

(1) Voyez Samuel Petit dans fon traité des lois d'Athènes, *lib.* 1, *de legibus*, *tit.* 1, *legum recenfio.* Cet établiffement fut l'ouvrage de Solon.

CHAPITRE IX.

De la bonté relative des lois & des objets qui conſtituent ce rapport.

Après avoir expoſé le principe général de la *bonté relative* des lois ; après avoir déduit de ce principe les cauſes de la révolution des Codes, & avoir développé quelques vérités utiles que je n'ai pas cru devoir négliger, je paſſe rapidement aux objets qui établiſſent ces rapports, & aux principes qui en dérivent.

J'ai dit que la bonté relative des lois conſiſte dans leur rapport avec l'état de la nation à laquelle on les donne. Or pluſieurs choſes conſtituent ce état, & la première de toutes eſt la nature du Gouvernement. Voyons donc de quelle manière les lois doivent s'y conformer, & quelles ſont les règles que la ſcience de la Légiſlation doit déduire du développement de ce premier objet.

H 4

CHAPITRE X.

*Premier objet de ce rapport : la nature du
Gouvernement.*

IL y a différentes espèces de Gouvernement. Je ne m'occuperai ni à en donner le nombre, ni à les définir, puisque
l'idée qu'en ont les hommes les moins
instruits, suffit pour en connoître la nature. Personne n'ignore combien le Gouvernement populaire est différent du
Gouvernement aristocratique ; & tout le
monde connoît l'intervalle immense qui
sépare la République de la Monarchie.

En supposant la même différence dans
le génie de ces peuples, il est facile de
voir que les lois propres à l'un de ces
Gouvernemens ne peuvent convenir à
l'autre. Dans la Démocratie, par exemple, le peuple, en certains momens, est
Monarque, en d'autres il est sujet. (1).

____

(1) La vérité m'oblige ici de suivre, relativement à

C'eſt lui qui fait les lois , crée ſes Magiſtrats , élit ſes Juges : mais il doit enſuite , malgré lui-même , obéir à ces lois , être condamné ou abſous par ces Magiſtrats & ces Juges. Les lois relatives à ces deux objets ſeroient donc inutiles dans les Ariſtitocraties & dans les Monarchies, où le peuple n'eſt que ſujet.

Comme dans les Démocraties l'autorité ſuprême eſt dans les mains de la nation entière ; que la ſouveraineté , ailleurs rénfermée dans les murs d'un palais, ſe manifeſte ici dans la place publique , & qu'enfin là où le peuple eſt Roi , l'individu n'eſt rien ; on ſent que le premier objet des lois , dans cette eſpèce de Gouvernement, ſera de régler l'ordre des aſſemblées , de déterminer le nombre & la condition des citoyens qui doivent les former. Ce réglement n'exiſtoit point à Rome , & ce fut là , comme perſonne ne l'ignore, la ſource de tous ſes maux.

---

l'Etat Républicain , quelques-uns des principes adoptés par Monteſquieu , & établis avant lui par beaucoup d'autres politiques.

Dans les Monarchies & dans les Aristocraties, le droit de bourgeoisie n'est qu'un simple privilége. Dans les Démocraties, c'est une portion de la souveraineté. Là, un homme revêtu d'un pareil caractère ne fait que participer aux avantages qui y sont attachés ; ici, c'est un étranger qui se mêle dans l'assemblée du peuple, pour élever une main, pour faire entendre une voix d'où peut dépendre la ruine de la République. Les lois, dans les Gouvernemens populaires, doivent donc veiller sur ce désordre avec plus de soin ; elles doivent accorder difficilement le droit de cité, & punir avec plus de rigueur celui qui l'usurpe (1).

---

(1) A Athènes, le droit de cité ne pouvoit être accordé que par le peuple entier, & ce droit devoit être ratifié dans une seconde assemblée, composée au moins de six mille citoyens. (*Demosthen. orat. in Neæram.*) Il ne suffisoit pas, pour être citoyen, d'être né dans la République; il falloit encore que le père & la mère fussent libres, & que l'un des deux fût citoyen. L'adoption étoit encore un moyen de donner le droit de cité, lorsque le père adoptif étoit lui-même citoyen. On sait avec quel respect religieux le Préfet de chaque *quartier* conservoit & examinoit le livre dans lequel étoient inscrits les noms des citoyens. On

Un autre objet principal des lois de ce Gouvernement, est de déterminer la manière dont les suffrages doivent être donnés. Les suffrages sont-ils publics ? ils sont toujours justes ; alors on discute librement tous les objets soumis à la délibération publique ; alors le peuple est éclairé par les lumières des premiers citoyens, & contenu par la gravité des plus sages. Il a un frein de plus pour ne pas trahir la vérité & la patrie.

Cicéron se plaint avec raison qu'un usage contraire, établi dans les comices, offroit au plus grand nombre des Romains, par le moyen d'un secret qui les mettoit à l'abri des reproches, le pouvoir

---

fait encore combien étoit terrible, chez les Athéniens, l'accusation formée contre ceux qui s'arrogeoient le droit de cité. Si l'usurpation étoit évidente, le coupable étoit rejeté dans la classe des esclaves, & vendu comme tel. Voyez *Pollux*, *lib.* 8, *& Potter. Archæolog. græc. lib.* 1, *cap.* 9. Sigonius dit que la principale fonction d'un certain ordre de Magistrats étoit de prendre chaque mois les noms des enfans étrangers, afin d'empêcher qu'ils ne fussent inscrits dans les tables publiques. Voyez surtout le traité de *Petit* sur les lois d'Athènes, *lib.* 1, *de legibus ; tit.* 3, *de civibus aboriginibus & adscitis.*

de commettre des injustices terribles (1).

Pour le malheur de l'humanité, il est peu d'hommes qui sachent rougir devant eux-mêmes ; & l'on écrit quelquefois sans pudeur ce que l'on n'oseroit prononcer qu'avec le trouble le plus profond. Les suffrages secrets sont donc, dans une République, la preuve d'un défaut de liberté. Là où la vérité craint de faire entendre sa voix, la vertu est timide, & la force puissante ; l'esprit d'intrigue s'empare de toutes les assemblées ; la main toujours cachée du despotisme ferme sans bruit la bouche de la liberté, & étouffe le cri de l'intérêt public.

Après avoir réglé les suffrages, les lois doivent partager le peuple en un certain nombre de classes. C'est à former cette division que les Législateurs se sont toujours attachés. Athènes dut une partie de sa grandeur à cet établissement qui a toujours eu l'influence la plus sensible sur la durée & la prospérité des Démocraties (2).

---

(1) *Lib.* 1, *cap.* 3, *de legibus.*
(2) Denis d'Halicarnasse dans l'éloge d'Isocrate.

Il faut enfuite déterminer de quelle manière & par quelles perfonnes peuvent
être propofées au peuple les lois qu'il doit
approuver; quelles qualités font néceffaires au citoyen pour parler dans l'affemblée du peuple, & quels doivent être les
objets de fon difcours ; quels font les
moyens propres à fe garantir de la féduction d'un orateur fufpect ou corrompu ,
& comment cette efpèce de liberté peut
être combinée avec le bon ordre des
affemblées (1). Les lois doivent en même
temps remédier à cette lenteur des Gouvernemens populaires, lenteur quelquefois
utile , mais qui pourroit entraîner la ruine
de la République, dans les affaires qui
demandent une réfolution fubite. C'eft ce
danger qu'on voulut prévenir en créant
deux Rois à Sparte , des Archontes à
Athènes, & des Dictateurs à Rome.

Enfin le peuple a befoin , comme les

----

(1) Les lois d'Athènes ne négligèrent aucun de ces
objets. Voyez *Petit* dans le traité que nous avons déjà
cité, *lib.* 3 , *de fenatu quingentorum* , *& concione* , *tit.* 3
de oratoribus.

Monarques, d'un conseil ou d'un sénat.
Il a besoin d'un chef qui le mène à la
guerre, & d'un certain nombre de Magiſtrats ou de Juges qui veillent à la
conſervation de ſa propriété. C'eſt à lui
qu'appartient le droit de les choiſir. Les
lois doivent donc fixer la manière de
procéder à cette élection; elles doivent
diſtinguer les charges qu'il eſt utile de
donner par *choix*, de celles qu'il convient
de donner par le *ſort* : car, dans le
Gouvernement populaire, il importe que
chaque citoyen puiſſe eſpérer avec raiſon
de ſervir ſa patrie (1). Mais cette élection, par le *ſort*, deviendroit funeſte à
l'Etat, par les abus qui l'accompagnent.
Les lois doivent donc trouver le moyen
d'y remédier; & c'eſt ce que fit Solon. Il
ordonna que l'élection ne pourroit tomber que ſur les citoyens qui ſe ſeroient
d'eux-mêmes préſentés au peuple ; mais
il voulut auſſi que celui qui auroit été

---

(1) On diſtinguoit à Athènes les Magiſtrats créés par
la voie des *ſuffrages*, de ceux qui avoient été élus par
le ſort. Potter. *Archæolog. græc. lib.* 1 , *cap.* 1.

élu, fût examiné par les Juges, & que chaque citoyen pût l'accufer d'être indigne de fa charge. Le même héraut qui publioit devant le peuple le nom du candidat pour lequel le fort s'étoit déclaré, demandoit aufli à haute voix : *Qui veut l'accufer* (1) *?* Cette élection tenoit en même temps du fort & du choix, & avoit les avantages de l'un & de l'autre.

Tels font les principaux objets qui conftituent le rapport des lois avec la nature du Gouvernement démocratique, & telles font les règles qui en dérivent. Voyons maintenant ce qui concerne l'Ariftocratie (2).

____

(1) Voyez l'oraifon de Démofthène, *de falfâ legatione,* & celle d'Efchine contre Crefiphon.

(2) On peut aifément conclure de tout ce que nous avons dit, qu'une Démocratie parfaite ne peut exifter que dans un très - petit Etat. Si la République s'agrandit, fi elle ceffe d'être une fimple cité, pour devenir une nation ; alors il faut changer la forme du Gouvernement, & recourir au droit de repréfentation. Chaque ville, chaque village doit élire des repréfentans chargés d'exercer le pouvoir légiflatif au nom d'un peuple devenu trop nombreux pour fe réunir facilement & fans défordres.

Lorfque les villes d'Italie eurent été, par le droit de

Dans cette espèce de Gouvernement l'autorité souveraine est entre les mains d'un certain nombre de personnes. Le corps des Grands, chargé de la composition des lois, a le pouvoir de les faire exécuter. « Le reste du peuple, dit Mon- » tesquieu, n'est tout au plus, à leur égard, » que comme , dans les Monarchies , » les sujets sont à l'égard du Monar- » que » (1). Cette comparaison n'est point exacte. Dans les Monarchies, le Souverain laisse à ses sujets la puissance exécutrice , laquelle, dans les Gouvernemens

---

bourgeoisie , incorporées à la ville de Rome , & que leurs citoyens y eurent acquis le droit de suffrage , le tumulte accompagna toutes les élections & les délibérations populaires ; il devint impossible de distinguer celui qui avoit droit de donner sa voix , de celui qui ne l'avoit pas. Enfin, tous les abus qui naquirent de cette incorporation & de ses effets , préparèrent à Marius , à Sylla , à Pompée, & à César, les moyens de détruire la liberté de leur patrie , & de renverser la République. Voyez *Appien. de bello civili , lib.* 1 ; *& Velleius Paterculus, lib.* 2 , *cap.* 15 , 16 , 17.

(1) Esprit des lois, liv. 1 , chap. 3.

aristocratiques,

Aristocratiques, n'appartient pas plus au peuple que la puissance législative & l'autorité judiciaire, toutes trois réunies dans les mains des nobles. On voit bien qu'une pareille distribution de pouvoirs n'est faite que pour aigrir le peuple contre le corps représentant de la souveraineté; les lois doivent donc le dédommager de cette espèce de *nullité*, & donner à chaque citoyen l'espoir d'entrer dans le corps des nobles, ou en récompense de quelques services rendus à la patrie, ou pour une certaine somme d'argent, comme cela se pratique à Gênes : c'est dans cet espoir que le peuple fait consister tout son bonheur (1).

De là naît un autre avantage. S'il est

―――――――――――

(1) La loi d'où cet usage tire son origine dans la République de Gênes, est encore plus juste & plus propre à la nature de ce Gouvernement. Elle veut que chaque année on fasse sortir une famille de la classe du peuple, pour l'incorporer à celle des nobles, & elle établit l'alternative entre les familles du peuple de la cité, & celles du peuple *de la rivière*. Mais cette loi ne s'observe pas exactement : l'incorporation n'a pas lieu chaque année, & on ne la fait plus que pour de l'argent, ou du moins qu'en faveur d'un mérite très-distingué.

Tome I. I

vrai que l'Aristocratie s'affoiblisse & se corrompe à mesure que le nombre des nobles qui la composent diminue ; si les familles aristocratiques doivent être peuple autant qu'il est possible ; si la meilleure Aristocratie est celle qui se rapproche le plus de la Démocratie, telle, par exemple, qu'*Antipater* l'établit à Athenes (1) ; si enfin le temps, en détruisant les familles, détruit aussi l'Aristocratie ; les lois qui suppléent à cette perte & qui préviennent ces maux, sont les plus nécessaires & les plus propres à la nature de ce Gouvernement.

Enfin, puisque l'esprit de l'Aristocratie ne permet de laisser au peuple aucune partie du Gouvernement, les lois doivent veiller à ce que ces différentes fonctions de l'autorité publique soient distribuées avec ordre & avec justice dans le corps des nobles. Elles doivent fixer avec précision toutes les choses dont l'exercice appartient à ce corps, & celles dont l'exercice appartient

____

(1) Il vouloit que chaque citoyen qui avoit deux mille drachmes eût droit de suffrage. Diodore de Sicile, lib. 18.

au sénat ou à l'ordre de la magistrature. Si cette distribution de pouvoirs ne se fait pas de la manière la plus constante & la plus invariable , le désordre s'emparera de toutes les parties de l'Etat, & l'Aristocratie deviendra le plus mauvais de tous les Gouvernemens , puisque l'anarchie est plus affreuse encore que le despotisme (1).

Cette distribution une fois fixée , les lois doivent la maintenir ; elles doivent créer une magistrature propre à conserver l'équilibre dans les différentes parties du Gouvernement. Cet usage salutaire exis-

---

(1) Il n'est point de Gouvernement plus vicieux que celui où l'autorité publique est divisée en un certain nombre d'autorités particulières qui ne savent pas avec quel degré de force elles doivent agir. Telle étoit la situation malheureuse des Suédois avant le règne de Gustave Vasa. Les prétentions opposées du Roi , du sacerdoce , de la noblesse , des citoyens, formoient un système de désordres qui auroit cent fois entraîné la ruine de l'Etat , si les peuples voisins n'avoient été plongés dans la même barbarie. Gustave Vasa , en réunissant dans sa personne une grande partie de ces pouvoirs, changea tout d'un coup la forme du Gouvernement : mais les Suédois furent moins malheureux sous le despotisme de Gustave, qu'au milieu de leur ancienne anarchie.

toit dans toutes les Républiques aristo-cratiques ou démocratiques bien consti-tuées : c'étoit, à Sparte, le devoir des Ephores, & c'est aujourd'hui même, à Venise, une des fonctions les plus terribles des Inquisiteurs d'Etat (1). Mais, pour empêcher que le remède ne devienne pire que le mal, il faut que les lois limitent & combinent de telle manière l'autorité & les droits de cette magistrature, qu'il lui soit impossible d'en abuser. « Une auto-
» rité exorbitante, dit Montesquieu, don-
» née tout à coup à un citoyen dans une
» République, forme une Monarchie,
» ou plus qu'une Monarchie : dans celle-
» ci, les lois ont pourvu à la constitution,
» ou s'y sont accommodées ; le principe
» du Gouvernement arrête le Monarque.

---

(1) Si cette magistrature eût existé dans Rome, le Décemvirat n'auroit pas été si puissant : l'autorité des Consuls & des Tribuns n'auroit pas été anéantie pendant tout le temps que ces dix Législateurs gouvernoient la République ; l'appel au peuple n'auroit pas été aboli, le cours des autres fonctions publiques n'auroit pas été interrompu ; Appius Claudius & ses collègues n'auroient pas fait trembler en même temps le sénat, les nobles, & le peuple.

» Mais dans une République, où un citoyen
» se fait donner un pouvoir exorbitant,
» l'abus de ce pouvoir est plus grand,
» parce que les lois, qui ne l'ont point
» prévu, n'ont rien fait pour l'arrêter (1) ».

Le moyen le plus efficace que l'on
puisse employer pour prévenir cet incon-
vénient, est de restreindre, autant qu'il
est possible, la durée de ces fonctions.
« Dans toute magistrature, dit Montes-
» quieu, il faut compenser la grandeur
» de la puissance par la brieveté de la
» durée ».

Les lois romaines étoient admirables à
cet égard. Le Dictateur, à qui le sort de
la République étoit confié ; le Dictateur,
qui ne reconnoissoit aucun chef, aucune
autorité supérieure à la sienne ; le Dictateur, dans les mains duquel l'assassinat
même devenoit légitime (2) ; le Dictateur

____

(1) Esprit des lois liv. 2, chap. 3.

(2) On sait tout ce qui arriva sous la dictature de
Papirius, & on connoît l'action de son Lieutenant Ser-
vilius-Ahala. *Tite-Live*, *décade* 1, *liv.* 4, *chap.* 8.

n'exerçoit sa magiftrature que dans les circonftances qui en rendoient l'autorité néceffaire (1). Il n'avoit ni le temps de

---

(1) Pourvu que la guerre ou l'affaire pour laquelle on l'avoit nommé fût terminée avant fix mois ; car la plus longue durée de cette magiftrature ne pouvoit être de plus de fix mois ; & le Dictateur devoit, après ce temps, fe démettre de fa charge. Si l'affaire étoit terminée avant ce terme, il la quittoit de lui-même : mais cette abdication étoit volontaire, aucune loi ne l'ordonnoit. C'eft ce qui a fait croire à quelques Hiftoriens & à quelques Ecrivains politiques, que cette dictature étoit une charge effrayante pour la liberté des citoyens ; car, difent-ils, fa durée dépendoit abfolument de la volonté de celui qui en étoit revêtu : mais ils ont confondu la liberté qu'avoit le Dictateur de refter en fonction jufqu'à ce que les fix mois fuffent entièrement écoulés, avec le droit imaginaire de conferver fa magiftrature au delà de ce terme. Il fuffit, pour voir toute l'erreur de cette opinion, de lire *Denis d'Halicarnaffe, lib.* 5 , *pag.* 331 ; *Dion Caffius, lib.* 36, *pag.* 18, *B* ; & *La loi* 2 , §. 18 , *digeft. de origin. juris*, dont je vais rapporter les paroles.

Populo deindé aucto, cùm crebra orirentur bella, & quædam acriora à finitimis inferentur ; interdum, reexigente, placuit majoris poteftatis Magiftratum conftitui ; itaque Dictatores proditi funt, à quibus nec provocandi jus fuit, & quibus etiam capitis animadverfatio data eft : hunc

former de grandes efpérances, ni le moyen
de fe fervir de fon pouvoir pour attaquer
les lois & la liberté (1). Le Cenfeur au
contraire, dont le miniftère exigeoit plus
d'auftérité que de talent; le Cenfeur, qui
avoit plus d'empire fur les mœurs publiques , que d'influence fur la direction
de l'autorité; le Cenfeur, qui infpiroit
plus de crainte aux citoyens qu'à la République , confervoit pendant cinq ans

---

*Magiftratum , quoniam fummam poteftatem habebat , non
erat fas ultrà fextum menfem retinere.*

On voit clairement, par ces derniers mots, qu'il n'étoit
pas au pouvoir du Dictateur de conferver une charge
dont l'exercice expiroit après les fix mois établis par la
loi. Le fénat quelquefois en prolongea la durée jufqu'à
un an , comme il le fit en faveur de Camille. Voyez
Tite-Live , lib. 6 *, cap.* 1 ; & Plutarque, Vie de Camille ,
pag. 144 : mais il auroit été plus utile pour Rome que
cet ufage ne s'y fût pas introduit. *La prolongation des
pouvoirs anéantit Rome* , dit Machiavel. *Difcours fur la
première décade de Tite-Live* , liv. 3 chap. 24.

(1) Sylla fut le premier qui continua la dictature en
fa perfonne : Céfar la perpétua dans lui; mais ce fut
une ufurpation, & non l'exercice d'un droit ; & cette ufurpation détruifit la liberté de la République. Voyez *Jufte-
Lipfe, comment. in lib.* 1 *Annalium Tacit.* p. 1 ,
num. 3.

tout fon pouvoir (1). Enfin le Confulat, la Préture, & le Tribunat étoient annuels, parce que ces magiftratures avoient affez d'importance pour faire naître un parti dans la République.

Les Crétois, n'étant pas encore fatis-faits d'un femblable préfervatif contre l'abus de l'autorité , eurent recours à *l'infurrection*. Auffi-tôt que les premiers Magiftrats commençoient à abufer des droits qu'on leur avoit confiés , une partie des citoyens fe foulevoit, les dégradoit de leurs fonctions , & les forçoit de rentrer dans l'état de fimple particulier. Cet acte étoit regardé comme légitime ; & quoiqu'il pût être dangereux dans un autre Gouvernement, il fut, en Crète, de la plus grande utilité , foit à caufe de la nature de la conftitution , foit à caufe de cet amour de la patrie qui animoit tous les citoyens (2).

––––––––––––––––––––

(1) Le Dictateur Mamercus réduifit ce temps à un efpace de dix-huit mois. Voyez *Machiavel, Difcours fur Tite-Live , décad.* 1 , *lib.* 1 , *chap.* 49.

(2) Voyez *Ariftot. politiq. lib.* 2 , *cap.* 9. Les lois

Tels font les principes généraux, telles font les règles qui dérivent du rapport des lois avec la nature du Gouvernement ariftrocratique. Je paffe en ce moment à la Monarchie.

On appelle Gouvernement monarchique, celui où un feul homme gouverne, mais par des lois fixes, qu'on nomme lois fondamentales. Ces lois fuppofent néceffairement des canaux moyens par où fe tranfmet la puiffance, & des forces réprimantes qui en confervent la modération & l'éclat.

La nature de la Monarchie exige donc qu'il y ait entre le Prince & le peuple une claffe intermédiaire, deftinée, non point à exercer quelques portions de l'autorité publique, mais à maintenir entre elles un équilibre conftant, & qu'il exifte dans l'Etat un corps dépofitaire

---

d'Athènes imitèrent en quelque forte le fyftême des Crétois. Elles permettoient à chaque citoyen de tuer celui qui, dans l'exercice de quelque magiftrature, auroit attenté à la liberté de la République. *Petit, de legibus atticis, lib.* 3, *de fenatu quingentorum & concione, tit.* 2, *de Magiftratibus.*

des lois , médiateur entre le Monarque
& les sujets.

Les lois doivent donc fixer les priviléges des uns & les fonctions des autres;
énoncer avec exactitude quels sont les
véritables droits de la Couronne, & quel
est le ministère de l'individu qui la
porte , objets importans, dont les principes sont malheureusement encore igno-
rés dans presque toutes les Monarchies
de l'Europe ; déterminer l'étendue du
pouvoir législatif; indiquer le point où
commence & le point où finit le pouvoir exécutif; montrer les subdivisions de
ce pouvoir ; distinguer les ordres de la
magistrature , établir & constater d'une
manière immuable leur dépendance res-
pective, la nature de leurs occupations,
& l'ordre des appels. Si la sûreté des citoyens dans les Monarchies dépend de
cette exacte distribution; si c'est une atteinte mortelle à la puissance de l'Etat, que
l'usurpation d'une seule classe de citoyens
sur les droits de l'autre; si, du moment
que le Monarque veut être juge , & que
le juge veut devenir Législateur, il n'y a

plus dans la nation ni liberté ni fûreté ;
fi enfin le defpotifme , exercé, foit par
les Magiftrats , foit par les Nobles, foit
par le Prince, n'en eft pas moins l'anéan-
tiffement de tous les droits de la nature ;
il eft aifé de fentir avec quelle précifion
rigoureufe les lois doivent déterminer
tant d'objets.

Mais , je le répète , fur une matière
fi importante & fi difficile à traiter , tout
eft incertain, équivoque, & obfcur dans
la Légiflation moderne. Le talent le plus
exercé peut à peine diftinguer le fophifme
de la vérité , l'ufurpation du droit, la
violence de l'équité. Nous voyons, dans
l'examen des queftions qui s'élèvent chaque jour fur ce point, les hommes les plus
inftruits dans la fcience du droit public,
être entraînés par des préjugés vulgaires,
recourir au témoignage de l'Hiftoire, pour
trouver, dans les opinions & les mœurs
anciennes des nations, des exemples ou
des faits propres à déterminer leur jugement & confondre avec le droit , l'ufurpation , l'ufage , ou la poffeffion. Mais cet
ufage, ces conceffions, ces *chartes*, en

un mot, toutes ces preuves hiſtoriques
peuvent - elles donner aux Rois, aux
Magiſtrats, aux Nobles, un droit contraire à la liberté des peuples, à la ſûreté
du citoyen, à l'intérêt de la nation,
dont le bonheur doit toujours être la loi
ſuprême des empires? Les principes &
l'objet de cette partie de la Légiſlation
ſont les mêmes que ceux de toutes les
autres parties. Or la liberté du peuple,
la ſûreté du citoyen, la proſpérité de
l'Etat exigent que dans les Monarchies
le Prince défende la nation contre les
ennemis du dehors, & que par conſéquent il ait le pouvoir de déclarer la
guerre, de faire la paix, & de ſtatuer
avec liberté ſur tout ce qui a rapport au
droit des gens. Il faut que dans l'intérieur de l'Etat il maintienne le bon ordre
& la tranquillité par des lois générales,
préciſes, ſimples, & claires ; qu'il laiſſe
aux Magiſtrats le ſoin d'appliquer ces lois
à tous les cas particuliers, ſans qu'ils
puiſſent les interpréter arbitrairement,
ou que, ſous prétexte d'une plus grande
équité, il leur ſoit permis d'en négliger

les décisions inviolables. Il faut que le citoyen ne puisse jamais voir dans le Législateur un juge, ou dans le juge un Législateur; que, par des moyens établis par la loi, il soit rassuré sur la justice des décisions du Magistrat ; qu'il soit persuadé que c'est la loi qui l'absout ou le condamne, & non la faveur ou la haine du juge : enfin le bon ordre du Gouvernement exige qu'il y ait un corps de nobles qui puisse réfléchir sur la nation l'éclat qu'il reçoit du trône, & qui, placé entre le Monarque & le peuple, diminue le degré de force avec lequel ces deux corps se heurteroient, s'ils n'étoient séparés par un autre corps intermédiaire: c'est donc sur tous ces objets que le Législateur doit méditer, s'il veut approprier ses lois à la nature du Gouvernement monarchique, & corriger les défauts ou prévenir les dangers auxquels est exposée cette espèce de constitution.

Je n'entre point dans le détail des moyens que la Législation doit employer à ce sujet, parce que, comme on a pu l'observer dans le plan que j'ai mis à la

tête de ce Livre, il eſt pluſieurs endroits
de mon Ouvrage où ces notions ſeront
diſtribuées avec plus d'étendue & dans
un ordre plus naturel. Ce que j'en ai dit
ici ſuffit pour donner une idée générale
des objets qui conſtituent le rapport des
lois avec la nature du Gouvernement
monarchique , & du grand principe par
lequel elles doivent être dirigées.

Voilà les trois principales eſpèces de
Gouvernement. Il en exiſte une autre
qui n'eſt ni une Monarchie , ni une
Ariſtocratie, ni une Démocratie : c'eſt
un Etat formé de ces trois différentes
conſtitutions ; & lorſque les lois n'en
déterminent pas avec exactitude le mouvement & les règles , il participe beaucoup plus des vices propres à chacune
d'elles, que des avantages qui l'accompagnent : ce Gouvernement mixte a obtenu
les éloges de pluſieurs politiques de ce
ſiècle, & ſur-tout de Monteſquieu. Mais
aucun d'eux ne paroît l'avoir analyſé
avec cette préciſion qui peut ſeule en
juſtifier la ſageſſe. Il ne falloit pas néanmoins un grand effort de raiſonnement

pour concevoir que cet Etat eſt expoſé à un danger qui lui eſt particulier ; c'eſt de tomber dans le deſpotiſme, ſans que la conſtitution en ſoit altérée, & d'être ſoumis à une tyrannie réelle, ſans perdre l'apparence de la liberté.

Tel eſt le Gouvernement d'une nation qui, depuis plus d'un ſiècle, fixe ſur elle les regards de l'Europe, & qui eſt aujourd'hui ſur le point d'en ſolliciter la pitié ; tel eſt ce Gouvernement où le Prince ne peut rien faire ſans le conſentement de la nation ; mais où il peut la trahir toutes les fois qu'il le juge à propos ; où le vœu du peuple eſt preſque toujours contraire aux ſuffrages de ſes repréſentans ; où il ne ſe dédommage d'une oppreſſion continue, que par des actions ridicules qu'il prend pour des ſignes de liberté. Examimons donc les principes & les règles qui dérivent du rapport des lois avec la nature de cette eſpèce de Gouvernement qu'on appelle *mixte*, & voyons comment la Légiſlation pourroit en corriger les vices & en prévenir les abus.

Je donnerai peut-être à cet examen plus

d'étendue qu'il ne faudroit ; mais qu'on me pardonne ce défaut, en faveur de la nouveauté de quelques idées qu'il eſt important de bien développer (1).

---

(1) Polybe, lib. VI, dit que la meilleure forme de Gouvernement eſt celle où ſe trouvent réunies les trois formes de Gouvernemens ſimples & modérés. Mais lorſqu'il vient à en déterminer l'idée, il appelle de ce nom le Gouvernement que Lycurgue établit à Sparte. Après avoir indiqué les défauts de la Monarchie, de l'Ariſtocratie, & de la Démocratie, il dit que Lycurgue, inſtruit de tous les vices qui réſultoient de chacune d'elles, ne créa pas une République ſimple & uniforme, mais qu'il réunit dans une conſtitution particulière les avantages de toutes les meilleures formes de Gouvernement. Je demanderai à mon tour à Polybe ce qu'il peut entendre ſous le nom de *Démocratie ſimple.* Eſt-ce cette eſpèce de Gouvernement où le peuple feroit en même temps Légiſlateur, Magiſtrat, Sénateur, Juge, & Général ? Dans ce cas, l'exiſtence en eſt politiquement impoſſible. Eſt-ce au contraire un Etat où le peuple fait les lois, crée les Magiſtrats, forme une aſſemblée de Sénateurs choiſis parmi les citoyens les plus reſpectables ; nomme les chefs qui doivent le diriger dans les entrepriſes guerrières, ou perpétue cet honneur dans la même famille ? Alors le Gouvernement de Sparte ne peut plus être regardé comme un Gouvernement mixte, mais comme une *ſimple Démocratie.* Les deux Rois, quoiqu'héréditaires, n'avoient dans Sparte aucune autorité en temps de paix : en temps de guerre, ils devoient dépendre d'un

CHAPITRE XI.

CHAPITRE XI.

Suite du même objet : d'une espèce de Gouvernement appelé mixte.

ON a donné, soit avec raison, soit par abus, le nom de Gouvernemens mixtes à un si grand nombre de constitutions différentes, qu'il ne me sera pas possible de généraliser ici mes idées.

Mes recherches à cet égard exigeroient un Ouvrage particulier, qui auroit nécessairement une grande étendue. En effet, l'examen du rapport des lois avec la nature du Gouvernement, n'étant que l'exa-

---

Conseil qui, d'ordinaire, étoit composé de leurs plus grands ennemis. *Aristot. de Republ. lib.* 2, *pag.* 331. Les décrets du Sénat étoient sans force jusqu'à ce qu'ils eussent été approuvés par le peuple. Où est la Monarchie? où est l'Aristocratie?

Polybe fait donc l'éloge de la Démocratie de Sparte; & non du *Gouvernement mixte* en général. Machiavel est tombé dans la même erreur. Voyez *ses discours sur Tite-Live, décad.* 1, *liv.* 1, *chap.* 2.

Tome I. K

men des principes & des règles qui font connoître au Légiflateur les défauts de la conftitution de ce Gouvernement, & les remèdes dont elle eft fufceptible ; je ne pourrois, fans entrer dans les plus grands détails, entreprendre de parler, dans ce chapitre, de toutes les formes de Gouvernemens compris dans cette claffe.

J'ai donc cru devoir uniquement tourner mes vues vers l'efpèce qui paroît, plus que toute autre, manifefter la combinaifon des trois conftitutions modérées. C'eft à cette efpèce que peuvent, à peu près, fe rapporter tous les Gouvernemens mixtes ; & comme elle a une parfaite analogie avec l'un des Gouvernemens de l'Europe le plus connu, je puis, dans mon travail, accorder la raifon avec l'expérience, & réunir la force du raifonnement à l'évidence des faits.

On juge bien que c'eft du Gouvernement de la Grande Bretagne que je veux parler, & qu'il eft le modèle de celui que je vais traiter dans ce chapitre.

Commençons par établir une définition claire & précife.

J'appelle Gouvernement mixte, celui dans lequel le pouvoir souverain , ou , si l'on veut, la puissance législative, est entre les mains de la nation, représentée par un congrès divisé en trois corps , qui sont, la Noblesse ou les patriciens , les représentans du peuple (1) , & le Roi. L'exercice de ce pouvoir suppose leur concours respectif. Quant à la puissance exécutrice, pour tout ce qui a rapport tant au droit civil qu'au droit des gens , elle est entre les mains du Roi seul, qui est indépendant dans l'exercice de ces deux puissances (2).

Un Gouvernement considéré sous cet aspect offre trois vices inhérens à sa

---

(1) Ces représentans sont élus par le peuple pour un temps déterminé , après lequel ils sont remplacés par d'autres , élus de la même manière que les précédens.

(2) La loi a dû , dit *Blackston* , regarder le Roi , en Angleterre, comme indépendant dans l'exercice des deux puissances qui lui sont confiées ; car sans cela il n'y auroit plus rien de monarchique dans ce Gouvernement. Voyez ses *commentaires sur les lois d'Angleterre*. Au reste , nous aurons occasion , dans le cours de ce chapitre, d'observer comment la loi a su remédier à l'abus de cette indépendance , sans l'anéantir.

K 2

constitution ; l'indépendance où se trouve celui qui doit faire exécuter , envers le corps qui doit ordonner ; la secrète & dangereuse influence que peut avoir le Prince dans le congrès des corps , & enfin l'instabilité même de la constitution. La Législation ne doit pas en changer l'essence , elle ne doit chercher qu'à en corriger les défauts. Ainsi , c'est au choix des moyens propres à prévenir les funestes effets de ces trois vices, qu'il faut appliquer tous les principes relatifs au rapport des lois avec la nature de ce Gouvernement. Mais avant de nous occuper de la recherche du remède , assurons-nous de l'existence du mal.

Dans les trois formes de Gouvernemens dont j'ai parlé au chapitre précédent , les différentes portions du *pouvoir* sont distribuées selon leur nature ; elles sont réparties dans les différentes mains destinées à les mettre en action. Mais ces mains ne sont pas indépendantes entre elles. Leurs mouvemens ne peuvent être qu'uniformes , leur direction ne peut être que commune. L'une est la source d'où les autres découlent ; c'est la roue principale qui communique le mouvement à toutes les roues secondaires. Si le Souverain qui fait la loi, n'est pas, dans ces Gouvernemens, l'instrument qui la fait exécuter ; s'il est obligé de remettre entre les mains des Magistrats la puissance judiciaire, il a du moins près de lui la force publique, & par conséquent le moyen le plus propre à faire respecter ses ordres, & à retenir les Magistrats dans les bornes qu'il leur a prescrites.

Dans le Gouvernement mixte, au contraire, le Magistrat, chargé seul de l'exécution de la loi, réunit dans ses mains toutes les forces de la nation. Le Souverain, ou, si l'on veut, le congrès qui représente la souveraineté, peut bien à son gré promulguer des lois ; mais celui qui doit les faire exécuter est non seulement indépendant, il est même plus fort que le Souverain dont elles émanent. Comment prévenir sa négligence ? quels sont les moyens de réprimer ses infractions ?

Le peuple dans les Démocraties, le sénat dans les Aristocraties, le Monarque

K 3

dans les Monarchies, peuvent fe défaire à
volonté d'un Magiſtrat qui abufe de fon
pouvoir, qui méprife les lois, & qui dif-
pofe arbitrairement de la vie & de la fub-
fiſtance des citoyens. Mais dans le Gouvernement mixte, où le Magiſtrat eſt le
Roi, & le Souverain, l'aſſemblée; où le
Roi lui-même eſt confidéré comme un
des trois corps qui doivent de concert
exercer la fouveraineté : dans ce Gouvernement, quel eſt celui en qui peuvent
réfider le droit & la force de punir ?

En Angleterre, le Parlement peut-il
détrôner fon Roi ? a-t-il le droit & la
force de le faire ? le Roi ne devroit-il
pas lui-même figner le décret de fa con-
damnation, pour le légitimer ? ne devroit-
il pas encore en diriger l'exécution ?
n'eſt-ce pas une maxime fondamentale,
dans ce Gouvernement, que le Roi eſt
infaillible, qu'aucune jurifdiction fur la
terre ne peut avoir le droit de le juger
& de le punir, & que fi le Parlement
avoit ce droit, la conſtitution nationale
feroit bientôt détruite, puifque la puiffance légiflative ufurperoit les droits de

la puissance exécutrice, laquelle est indépendante par la nature de ce Gouvernement.

N'est-ce pas encore une loi fondamentale chez cette nation, que la personne du Roi est sacrée, quand même il se permettroit des actions tyranniques (1) ?

Les publicistes de cette nation n'ont-ils pas dû avouer que la loi n'a pas prévu le cas où un Roi voudroit détruire la liberté politique du peuple anglois, & que dans ce cas le seul remède seroit celui de l'insurrection (2) ?

Pour légitimer l'acte qui enleva à Jacques II la couronne d'Angleterre, n'auroit-on pas dû supposer que ce Prince avoit renoncé au trône, en fuyant hors de ses Etats, & qu'il avoit volontairement déposé une couronne qu'aucune puissance ne pouvoit lui ôter légitimement, malgré les attentats qu'il avoit commis

____

(1) *Blackston*, tom. 1, *cap.* 7, *pag.* 353, 354, 355. Il est bon d'observer que ce célèbre Ecrivain est le plus grand apologiste de la constitution de son pays:

(2) *Blackston, ibid.*

K 4

contre la constitution, & la guerre ouverte qu'il avoit déclarée à la liberté de la nation (1) ?

L'indépendance où se trouve la puissance exécutrice envers la puissance législative, est donc le vice particulier de cette espèce de Gouvernement : ce vice est fondé sur une prérogative qu'on ne pourroit abolir sans détruire la constitution. Voilà le premier mal que les lois doivent s'occuper à guérir.

Le second est, comme nous l'avons dit, l'influence secrète du Prince dans les congrès qui représentent la souveraineté.

Dans les Gouvernemens mixtes de cette espèce, le Roi a une double influence dans les congrès. Considéré comme l'un des trois corps qui les composent, il est juste qu'il ait l'autorité négative, c'est-à-dire, le droit de s'opposer aux résolutions des deux autres corps, d'abord parce que la constitution du Gou-

_____

(1) *Blackston, ibid.*

vernement exige le concours unanime de ces trois corps pour l'exercice de la puiſſance légiſlative ; enſuite parce que , ſi ce droit n'appartenoit pas au Roi , la puiſſance exécutrice pourroit être anéantie par la puiſſance légiſlative , qui ne trouveroit aucun obſtacle à ſon uſurpation. Cette première influence eſt légitime & néceſſaire.

Mais le Roi , conſidéré dans ces mêmes Gouvernemens comme le ſeul diſtributeur de toutes les charges tant civiles que militaires , & comme le ſeul adminiſtrateur du revenu public , poſſède alors tous les moyens d'acheter à ſon gré la pluralité des ſuffrages , & de faire du congrès , qui repréſente la nation , l'organe de ſa volonté : & c'eſt là cette influence ſecrète qui peut anéantir la liberté du peuple , ſans que la conſtitution en ſoit altérée ; qui peut opprimer la nation , ſans faire trembler la main qui l'opprime.

Dans tous les autres Gouvernemens , la crainte eſt la compagne inſéparable de l'oppreſſeur. Si un Souverain , dans une

Monarchie abfolue, veut refferrer les fers de fes peuples, s'il veut rompre les pactes en vertu defquels il eft monté fur le trône, s'il veut opprimer fes fujets par des impofitions exceffives ; il a toujours devant les yeux la fureur du peuple qui l'épouvante ; il fent fon trône chanceler fous fes pieds ; il voit le danger auquel il expofe fa vie.

Mais dans les Gouvernemens mixtes, le Roi, qui peut fe fervir du bras du congrès pour opprimer la nation, peut le faire auffi fans avoir tant de motifs d'effroi. Il fait que le congrès fera refponfable de tout auprès de la nation, il fait que ce ne fera jamais fur fa perfonne que viendra fondre la fureur du peuple. Il a donc un inftrument de plus, & autant d'obftacles de moins pour devenir un oppreffeur ; & il le deviendra facilement, fi, à la volonté de l'être, il réunit les talens néceffaires pour y réuffir. Il fuffit qu'il ne détruife pas de fa propre main l'apparence de la conftitution ; il fuffit qu'il refpecte les droits du congrès, & qu'il fe

contente d'en difpofer ; alors il fera toujours fans danger tout ce qu'il lui plaira (1).

Si Jacques II eût eu recours au Parlement pour rétablir le Catholicifme ; fi,
pour le rappeler dans fes Etats, il fe fût
fervi des mêmes inftrumens que fes pré-
déceffeurs avoient employés pour le profcrire ; fi, au lieu de fuivre l'exemple de
Jacques I, fon aïeul, & de Charles I,
fon père, il eût eu la politique de Henri
VIII & d'Elifabeth ; s'il eût fu, comme
eux, faire du Parlement l'exécuteur aveugle, non feulement de la volonté, mais
encore des caprices du Prince ; s'il n'eût

---

(1) Lorfqu'Augufte rétablit l'autorité du Sénat, il
vit bien que fon objet principal devoit être de pouvoir
difpofer de cette affemblée, & non de l'affoiblir. Occupé
à entourer de nuages le trône où il étoit affis, à dérober
aux regards de fes fujets fon pouvoir abfolu, il ne chercha qu'à paroître le miniftre du fénat, & l'exécuteur de
fes décrets fuprêmes, toujours dictés par lui. Bien loin de
voir dans cette affemblée un obftacle à fes vues & un
contre-poids à fon autorité, il fut y trouver le foutien de
fa puiffance fecrète & le fondement de fa fûreté. Il eft
évident qu'il n'y a pas de defpotifme plus terrible que
celui qui eft caché fous le voile de la liberté. Voyez Gravina, *de Romano Imperio*.

pas commis un attentat manifeste contre la conftitution, en promulguant de nouvelles lois & en aboliffant les anciennes fans l'autorité du Parlement : la couronne d'Angleterre n'auroit point paffé fur la tête du Prince d'Orange, & la nation ne fe feroit pas élevée contre fon Roi. Le parti de l'Eglife Anglicane auroit tout au plus brûlé les maifons de quelques Parlementaires, & tout auroit fini là. Le feul règne de Henri VIII eft une preuve inconteftable de cette vérité.

En effet, que ne fit-il point fous les aufpices du Parlement ? Quels attentats ne commit-il point contre la liberté du peuple, contre la fûreté publique, contre la décence des mœurs, & contre le refpect dû à la religion ? Ne fut-ce pas par le bras même du Parlement qu'il fit élever ces gibets où les mères des héritiers du trône allèrent expier le malheur d'avoir cédé à l'amour du plus abominable des hommes ? Ne fut-ce pas par les mains du Parlement qu'il fit allumer ces bûchers où les meilleurs fujets de l'Etat allèrent finir leurs jours ? Ne fut-ce pas le

Parlement qui décida que la simple volonté du Prince auroit force de loi (1) ? Tous les blasphèmes de la tyrannie ne furent-ils pas adoptés par le Parlement, sous le règne de ce Prince, comme autant de principes de jurisprudence ? Les crimes de *lèse-majesté* ne devinrent-ils pas plus nombreux & plus bizarres dans le Code Anglois qu'ils ne le furent jamais dans celui des Néron & des Tibère ? La manie, commune aux tyrans, de dominer sur les esprits de même que sur les corps, cette manie, qui a coûté si cher au genre humain, ne fut-elle pas légitimée par cette auguste assemblée ? Non, il n'y a d'autre différence entre l'histoire de ce Prince & celle de tous les monstres qui ont souillé de sang le trône sur lequel ils étoient assis, si ce n'est que ces derniers ont fait d'une main tremblante ce que Henri fit avec la plus grande assurance, sous la protection même du Parlement.

A défaut de toute autre raison, ce trait seul de l'histoire de la Grande Bretagne suffiroit pour démontrer que,

____

(1) Statut 13 de Henri VIII, chap. 3.

dans les Gouvernemens mixtes de cette
espèce, le Roi pourra toujours faire ce
qu'il voudra ; qu'il pourra opprimer la
nation, sans altérer la constitution & sans
courir aucun risque pour sa personne. Il
suffit qu'il ait l'art de corrompre l'assemblée qui représente la souveraineté ; il en
a les moyens.

Comment donc lui enlever l'usage de
ces moyens, sans détruire cette constitution ? C'est précisément le second objet
de la Législation considérée dans son
rapport avec la nature du Gouvernement.

Enfin le dernier vice inhérent à la
constitution du Gouvernement mixte,
est cette continuelle fluctuation de pouvoir entre les différens corps qui se partagent l'autorité ; fluctuation difficile à
prévenir, & qui, en dernière analyse,
produit l'instabilité de la constitution. Il
ne sera pas difficile de nous convaincre
de cette vérité.

Dans tous les Gouvernemens du monde,
le pouvoir de créer, abolir, changer les lois
fondamentales de la nation, est un droit
de la nation même. Ce pouvoir n'est donc

uni à la souveraineté que dans les Gouvernemens où elle réside dans les mains de la nation entière : or ce n'est que dans les Gouvernemens populaires & dans les Gouvernemens mixtes, que la nation est le Souverain ; c'est donc le Souverain, dans ces deux espèces de Gouvernemens, qui peut changer ou altérer à son gré la constitution.

Il est très-rare qu'on use de ce pouvoir dans les Gouvernemens populaires, parce qu'il n'y a point d'opposition de forces, de vues, d'intérêts entre les différens corps qui se partagent l'autorité. Mais dans les Gouvernemens mixtes, où ces mêmes corps sont perpétuellement occupés d'accroître à l'envi la portion de pouvoir qui leur est confiée, où le corps qui représente la souveraineté, & qui peut disposer de la constitution, a toujours intérêt de l'altérer, soit pour étendre la portion d'autorité qu'il a comme Souverain, soit pour la restreindre en faveur de celui qui peut dédommager ses membres d'un sacrifice qui leur coûte très-peu ; dans les Gouvernemens mixtes de cette espèce, la constitution ne peut jamais

être stable ; elle doit essuyer de continuelles altérations , puisque chacune de
ces altérations est avantageuse ou au
corps qui l'opère , ou à ses membres.

L'Angleterre , qui m'a fourni toutes les
preuves de fait de mes propositions dans ce
chapitre , m'en offriroit encore de cette
dernière vérité , si je ne craignois d'être
long & diffus. Je me contenterai seulement
d'ajouter que l'histoire de cette nation est,
pour ainsi dire , l'histoire des vicissitudes
de son Gouvernement ; que le caractère du
Roi a , dans tous le temps , déterminé celui de la constitution ; que sous un Prince
foible & dépourvu de talens , ou qui s'est
ce trouvé placé dans des circonstances
malheureuses, les deux Chambres ont toujours usurpé quelque portion de l'autorité
royale ; mais que , sous un Prince rusé &
hardi , elles ont toujours vendu une grande
partie de leurs prérogatives. En effet ,
quand on a observé ce Gouvernement
sous les prédécesseurs de Charles I , on
ne le reconnoît plus sous Jacques II. La
vigueur actuelle du Parlement n'est pas
l'effet d'une cause solide & durable , mais
de

de quelques circonſtances paſſagères. Que le ſucceſſeur de Georges III, en héritant de ſa couronne, hérite auſſi de ſes talens, ſans avoir ſes vertus ; qu'un règne troublé par des guerres & des diſſentions inteſtines, ſoit ſuivi d'un règne de paix ; que le Souverain ne ſoit plus obligé de traiter la nation avec douceur , pour la faire contribuer aux frais d'une guerre honteuſe contre ſes propres enfans ; que toutes ces circonſtances, en un mot, accompagnent ſur le trône de la Grande-Bretagne l'héritier de Georges III : & l'on verra bientôt toutes ces chaînes de l'autorité royale s'aſſouplir une nouvelle fois , le Parlement perdre ſa force , & le trône reprendre ſa puiſſance. Qu'on ſe rappelle ce qui arriva ſous Cromwel, & l'aſcendant ſubit que reprit ſur la nation l'ombre même de la couronne poſée ſur la tête d'un uſurpateur abſolu (1).

____

(1) On ne peut compter, dit Machiavel , ſur la ſtabilité d'aucun Etat , s'il n'eſt ou vraiment Monarchique ou vraiment Républicain : tous les autres Gouvernemens intermédiaires ſont défectueux. La raiſon en eſt ſimple :

C'eſt donc cette inſtabilité, troiſième vice inhérent à cette conſtitution, que les lois doivent s'efforcer de détruire.

A préſent que nous ſommes aſſurés de l'exiſtence du mal, cherchons les moyens d'y remédier.

Nous avons dit que le premier des vices propres à cette conſtitution, eſt l'indépendance où ſe trouve celui qui doit faire exécuter, envers le corps qui doit commander ; nous avons dit qu'elle eſt de l'eſſence même de la conſtitution. Les lois, qui ne peuvent la détruire, ne pourroient-elles pas la modifier ? Oui : mais il n'y a qu'un moyen de le faire ; c'eſt de diſtinguer la puiſſance exécutrice de la puiſſance judiciaire. Je m'explique.

---

c'eſt que l'Etat Monarchique n'a qu'une ſeule voie pour ſe diſſoudre, qui eſt de deſcendre à l'Etat Républicain ; comme celui-ci n'a également qu'à monter vers l'Etat Monarchique ; au lieu que les Etats intermédiaires ont deux moyens de changer de conſtitution, ſoit en montant vers l'Etat Monarchique, ſoit en deſcendant vers le Républicain. Et c'eſt de là que naît leur inſtabilité. Voyez ſon diſcours ſur la réforme du Gouvernement de Florence, compoſé par les ordres de Léon X.

Dans un Gouvernement mixte bien organifé, il eft de l'effence de la conftitution que le Roi ait toute la puiffance exécutrice des lois, & non qu'il exerce perfonnellement ce pouvoir dans toute fon étendue : qu'il foit exercé par lui-même ou par d'autres, en fon nom & fous fon autorité, la nature de la conftitution eft toujours la même. En effet, tout ce que je fais faire par un autre en mon nom & fous mon autorité, doit être fuppofé fait par moi-même.

Cela pofé, il ne fera donc pas contraire à la nature de ce Gouvernement que le Roi ait des tribunaux fixes & immuables, lefquels, fans aucune autorité perfonnelle, mais revêtus d'une émanation de la fienne, exercent en fon nom la puiffance judiciaire. Or fi l'exiftence de ces tribunaux ne détruit point la conftitution de ce Gouvernement, il en fera de même de l'obligation impofée au Prince de ne pouvoir faire ufage de cette puiffance judiciaire que par l'organe de ces mêmes tribunaux. Le Roi, obligé de s'en fervir dans l'exercice de la puiffance judiciaire, ne perdra rien de ses prérogatives, tant qu'ils seront regardés comme les organes de ses volontés. La puissance judiciaire étant ainsi séparée de la puissance exécutrice, dans le fait & non dans le droit, il ne pourra pas, malgré l'entière indépendance que lui accorde la constitution du Gouvernement, éluder la loi, & disposer arbitrairement de la vie, de l'honneur, & de la fortune des citoyens. En effet, s'il est indépendant, s'il n'y a personne qui puisse l'appeler en jugement, s'il n'existe aucune autorité légitime qui puisse le juger, il n'en est pas ainsi de ses tribunaux & des membres qui les composent. Les jugemens d'un tribunal peuvent être examinés & réformés par un tribunal supérieur. Un citoyen opprimé par un Magistrat a droit de l'accuser devant un autre juge, & le Magistrat peut être puni. Aucune de ces procédures ne seroit contraire à la constitution du Gouvernement. L'indépendance du Roi n'en seroit point détruite; elle seroit seulement restreinte, en faveur de la sûreté publique.

La Légiſlation angloiſe a déjà reconnu la néceſſité de ce remède , & elle l'a adopté. Dans le temps que la conſtitution de cet Etat étoit encore plus défectueuſe qu'elle ne l'eſt aujourd'hui , le Roi décidoit ſouvent ſeul des différens qui s'élevoient entre les citoyens ; il jugeoit lui-même leurs procès. Le ſeul exercice de ce droit fit tout à coup ſentir les funeſtes conſéquences qui en pouvoient réſulter. Il fut donc réglé que la puiſſance judiciaire feroit dorénavant exercée au nom du Roi par ces tribunaux , & que ceux-ci ſeroient les dépoſitaires immédiats des lois (1).

Dans la ſuite, on ôta encore au Roi le droit de dépoſer à ſon gré les membres de ces tribunaux. En remettant ainſi entre les mains des Magiſtrats l'exercice de la puiſſance judiciaire , on avoit eu pour but d'enchaîner l'injuſtice & l'oppreſſion de celui qui étoit chargé de faire exécuter les lois ; on s'occupa enſuite à en rendre l'obſervation plus conſtante & plus ſûre. Le ſtatut 13 , chap. 2 , de

____

(2) *Blackſton , ibid.* pag. 387 , 388.

L

Guillaume III, dit que les Magiftrats exerceront leur miniftère, tant qu'ils le rempliront avec exactitude, *quandiù bene fe gefferint*, & non tant qu'il plaira au Roi, *durante beneplacito* (1).

Voilà donc comment la Légiflation pourroit remédier au premier vice inféparable de la conftitution de ce Gouvernement. La Légiflation Angloife eft admirable à l'égard de ce premier objet : mais offre-t-elle les mêmes moyens contre les deux autres vices dont nous avons parlé ? Quel remède a-t-elle oppofé à l'influence fecrète du Prince dans les Parlemens ? Elle a pris, il eft vrai, quelques

____

(1) *Blackfton*, *ibid.* Cet établiffement ainfi que la fuppreffion de la Chambre *Etoilée* affurent d'une certaine manière, en Angleterre, la vigueur & l'empire des lois. La Chambre *Etoilée*, à la différence des autres tribunaux qui ne reconnoiffent pour loi que *la loi commune*, ou, fi l'on veut, *immémoriale*, & les actes du Parlement, reconnoiffoit les proclamations particulières émanées du Confeil du Roi, & en faifoit la bafe de fes jugemens. Tant que cet abus a fubfifté dans la conftitution britannique, la loi a-t-elle pu être une fauve-garde fuffifante pour l'innocence du citoyen ?

mesures pour empêcher que l'élection des membres qui composent la Chambre des Communes, ne vienne à tomber sur des sujets ouvertement dévoués au Prince. Elle a déclaré incapables de siéger dans cette assemblée, tous ceux qui occupent quelques-unes de ces charges dont les provisions dépendent du choix arbitraire de la couronne. Enfin tous les pensionnaires du Roi en sont aussi exclus (1) : mais à quoi tout cela sert-il ? Une fois entrés dans cette Chambre des Communes, ne sont-ils pas dans le cas d'espérer & d'obtenir les places ou les graces

____

(1) Blakeston, *ibid.* tome 1, pag. 251, 252.

Je ne sais comment ce jurisconsulte peut voir dans ces établissemens, des *boulevarts* invincibles pour la liberté de sa nation. En effet, quant à ce qui regarde les pensionnaires du Roi, ces précautions n'ont lieu que contre ceux qui sont compris dans la liste civile. Car, comment pourroit-on empêcher qu'il n'y en eût de secrets ? L'amovibilité des pensions n'est-elle pas un lien de plus qui unit ceux qui les obtiennent avec le ministère ? Enfin la Chambre Basse est toujours remplie de personnes en charges ; & ces charges dépendent du Prince. Celles qui n'en dépendent pas sont en très-petit nombre, en comparaison des autres.

qu'ils n'avoient pas ? Et l'efpérance & l'ambition n'ont-elles pas plus d'activité que la reconnoiffance ?

Suppofons, ce qui n'eft pas, que ces mefures puiffent affurer la plus grande impartialité dans les membres de la Chambre des Communes, comment la Légiflation angloife a-t-elle arrêté l'influence du Prince dans la Chambre des Pairs, cette affemblée, dont les membres, par leur inamovibilité, ont toujours la plus grande part aux délibérations ? Au lieu d'affoiblir cette influence, ne l'a-t-elle pas entretenue avec foin ? n'a-t-elle pas donné au Prince le droit de créer autant de Lords qu'il veut (1) ? & chaque nouveau Lord n'eft-il pas une voix de plus pour le Roi ? & les Evêques ou Lords eccléfiaftiques ne font-ils pas auffi des créatures du Prince (2) ? ne font-ce pas vingt-fix autres voix qui lui font dévouées ? Il n'y a point de Souverain en Europe qui ait

____

(1) *Blackfton*, *ibid*. tom. 1, pag. 227.

(2) Le Roi feul a droit de nommer à tous les évêchés. *Blackfton*, *ibid*. Pag. 405, 406.

autant de charges à donner, autant de bénéfices à diftribuer que le Roi d'Angleterre. La Légiflation, au lieu de reftreindre fa munificence, l'a rendue inépuifable. Un Anglois peut tout efpérer de fon Roi, & n'a rien à attendre du Parlement.

. Laiffons donc la Légiflation angloife, puifqu'elle ne nous offre, pour ce vice de fa conftitution, aucun remède convenable; contentons-nous d'en propofer un qui, par fa fimplicité & par la facilité de l'exécution, nous paroît le meilleur.

On ne peut, dans un Gouvernement de cette efpèce, refufer au Roi la faculté de nommer à toutes les charges tant militaires que civiles : c'eft un droit qui dérive de la conftitution même dont il a reçu toute la puiffance exécutrice pour tout ce qui concerne le droit civil comme le droit des gens.

Nous favons qu'il réfulte bien peu d'avantages, en Pologne & en Suède, de la diminution de la prérogative royale à cet égard. Ainfi, il ne faut point penfer à abolir ou à reftreindre un droit que la conftitution même du Gouvernement rend inséparable de la couronne ; car, je le répète, la Législation ne doit pas, ne peut pas même détruire la constitution ; elle ne doit que s'occuper à corriger ses défauts. Laissons donc au Roi la liberté de disposer de toutes les charges dépendantes de la double puissance exécutrice qui lui est confiée ; efforçons-nous seulement de balancer l'influence que pourroit lui donner cette prérogative, en lui assurant d'autres droits dans l'assemblée qui représente la souveraineté. Il faut que celle-ci conserve l'espèce de munificence qui lui est propre. Comme souveraine, elle peut seule disposer des membres de la souveraineté. Par exemple, quoi de plus étranger aux droits du Roi d'Angleterre, que le pouvoir de créer ainsi des Lords ecclésiastiques & laïques ? Ces Lords ne sont-ils pas membres de la souveraineté ? Et le Roi, n'étant pas Souverain par la nature même du Gouvernement, peut-il communiquer aux autres ce qu'il n'a pas ?

N'est-ce pas-là un sacrifice absurde & dangereux que la puissance législative a fait en faveur de la puissance exécutrice ?

N'eſt-ce pas là un moyen de priver le peuple de ſes Tribuns, pour en faire autant de Royaliſtes pervers ? Ne doit-on pas regarder les principes d'une conſtitution libre, comme perdus pour toujours, lorſque c'eſt la puiſſance exécutrice qui crée la portion la plus auguſte de la puiſſance légiſlative ? Donc ſi, bien loin d'être contraire à la conſtitution, il eſt de ſon eſſence que l'aſſemblée qui repréſente la ſouveraineté ait le droit de lui donner de l'éclat, en admettant dans ſon ſein les hommes qui en ſont dignes, il faut qu'elle ait la faculté particulière d'accorder au citoyen diſtingué par de grandes actions & des ſervices rendus à la patrie, le droit de ſiéger dans la Chambre Haute, ou de devenir membre perpétuel de celle des Communes. Il faut que les diplômes de nobleſſe, au lieu d'être émanés du Prince, deviennent des marques de la gratitude que cette auguſte aſſemblée accorde aux vertus ou au zèle de celui qui ſe ſera élevé dans les congrès avec une noble liberté contre les prétentions injuſtes de la couronne. Il

faut que la diſtribution de tous les honneurs appartienne excluſivement au congrès ; qu'il en ſoit de même des récompenſes fondées ſur l'opinion, ſouvent plus
flatteuſes & plus ambitionnées dans une
nation libre, que ne le ſont toutes ces
charges mercenaires que donne le Prince,
& qui par cela même ſont marquées du
ſceau de la ſervitude. Il faut qu'entre
autres droits, la même aſſemblée ait celui
d'en exclure les membres qui lui ſeront
devenus ſuſpects ; que cette excluſion
rende à jamais celui qui l'aura méritée,
indigne de ſervir la patrie, & même de
poſſéder aucune des charges qu'il pourroit obtenir du Prince ; que le nombre de celles-ci ſoit reſtreint par les lois
autant qu'il ſera poſſible ; que pour l'exercice de cette autorité *parlementaire*, dans
ce qui concerne les récompenſes ou les
punitions de ſes membres, il ſuffiſe du concours des deux corps qui compoſent les
deux Chambres, même contre le refus
du Roi d'en légitimer les actes (1) ;

____

(1) Cela ne ſera pas contraire à la conſtitution, puiſ-

enfin que la Légiſlation ne ſe contente pas de prévenir la corruption dans les membres de cette auguſte aſſemblée , mais qu'elle cherche encore à la prévenir dans les Electeurs de ces membres; & que, par l'éducation , les récompenſes , les honneurs, elle travaille à perfectionner les mœurs, à ranimer dans le cœur des citoyens l'amour de la gloire , toujours uni à l'enthouſiaſme de la patrie. Quand ceux-ci ne feront plus un trafic infame de leurs ſuffrages , quand ils ne commenceront plus par vendre leur liberté à leurs repréſentans, quand le mérite ſeul donnera un véritable droit à l'élection , quand la loi, pour s'aſſurer de l'impartialité de cette élection , exclura du corps des Electeurs l'indigence , toujours ſuſpecte de corruption (1) ; alors la vertu, ſoute-

---

qu'il ne s'agit pas ici d'exercer la puiſſance légiſlative , à laquelle le Roi doit avoir part , comme l'un des trois corps qui compoſent l'aſſemblée.

(1) Selon la loi faite par Henri VI , les citoyens , pour être admis à voter dans l'élection des repréſentans , doivent poſſéder un fonds de terre de deux livres ſterlings de

nue par l'espérance, la crainte, & les mœurs, ramenera constamment la pluralité des suffrages en faveur de l'intérêt public ; alors la nation sera vraiment libre, & croira l'être ; alors on verra qu'il est possible de substituer une assemblée de citoyens à un congrès de courtisans.

Après avoir ainsi, & par d'autres moyens, mis un frein à l'influence que le Prince pourroit avoir, dans ces sortes de Gouvernemens, sur les délibérations de l'assemblée qui représente la souveraineté, le Législateur doit tourner ses regards sur le dernier vice de ces mêmes Gouvernemens, l'instabilité de la constitution.

Nous avons dit que le droit de l'altérer ou de changer les lois fondamentales qui la déterminent, ne pouvoit être ôté au congrès, sans détruire la nature même du Gouvernement. Il faut donc chercher à lui en rendre l'usage difficile. On

---

revenu. Quiconque connoît l'état présent de l'Angleterre, sait que 20 livres sterlings ne suffisent pas, en ce pays, pour mettre un particulier à l'abri de l'indigence.

peut y parvenir, en ſtatuant que lorſqu'il s'agira d'altérer, d'abolir, ou de créer une loi fondamentale, la pluralité des ſuffrages ne ſuffiſe pas pour l'admiſſion de la nouveauté qu'on propoſera d'introduire, mais que la généralité des voix elle ſeule puiſſe rendre cette nouveauté valable & légititime. Ce moyen n'ôteroit pas à l'aſſemblée le droit qu'elle ne peut jamais perdre ; mais elle garantiroit du moins la conſtitution, des viciſſitudes continuelles qui la mettent en danger. Il eſt difficile ſans doute de réunir toutes ces volontés particulières en une volonté commune ; & cela ne doit arriver que dans un ſeul cas, lorſque les avantages qui peuvent réſulter de la nouveauté propoſée, ſont trop évidens pour n'être pas reconnus par tous, & trop généraux pour ne pas fixer tous les déſirs : alors la conſtitution, loin d'être altérée, reçoit un nouveau degré de perfectibilité. Voilà la ſeule circonſtance dans laquelle le *liberum veto* deviendroit utile à une République (1).

____

(1) Pour aſſurer la force & la durée de cet établiſſe-

Tels sont les remèdes qu'une sage Législation pourroit opposer aux vices inhérens à cette espèce de constitution, & tels sont les principes qui dérivent du rapport des lois avec la nature de ce Gouvernement (1). Je crois les avoir

---

ment, il faudroit introduire une nouvelle formule de serment, par lequel chaque membre du Parlement, lors de l'ouverture de ses assemblées, promettroit de ne proposer ni ne donner jamais son vœu en faveur de tout ce qui pourroit concerner la révocation de cette loi ; & il faudroit faire un petit Code des véritables lois fondamentales, qui déterminât la nature de la constitution, les droits & les limites de l'autorité de chacun des corps, & n'admît ni interprétation ni ambiguité. On ne trouveroit dans ce Code que les vraies lois fondamentales, & non celles auxquelles on a donné abusivement ce nom.

(1) Je n'ai pas parlé du droit de créer de nouveaux impôts, ou d'accorder de nouveaux subsides. La nature même de la constitution donne ce droit au congrès, qui représente la souveraineté, & on ne pourroit le lui ôter, sans détruire cette constitution. Mais il est aisé de voir par ce qui vient d'être dit, que ce *palladium* de la liberté, dans les Gouvernemens mixtes, sera inutile, tant qu'une sage Législation ne corrigera pas tous les vices qui ont été indiqués. L'état actuel des impôts en Angleterre en est une preuve incontestable. Qu'importe au Roi de ne pouvoir pas mettre lui-même de nouvelles impositions

assez

aſſez développés : mais ne dois-je pas finir mes recherches, en témoignant ici mon regret d'avoir montré peu de reſpect pour une nation qui, plus que toute autre, a des droits à l'eſtime de l'humanité ?

Non, philoſophes de l'Europe, reſpectables Anglois, ne voyez point d'un œil de courroux la liberté avec laquelle un homme qui vous admire oſe parler de votre Gouvernement. En vous découvrant les maux qui attaquent votre exiſtence, c'eſt votre ſeule guériſon que je déſire.

Vous qui avez inſtruit & étonné l'Europe par vos découvertes & par des chef-d'œuvres dans tous les genres, rougiſſez d'avoir, dans le même temps, enveloppé des plus épaiſſes ténèbres votre Légiſlation entière. Compoſée de ce que la barbarie de vos pères avoit de plus abſurde, de ce que l'antique ſyſtême de féodalité avoit de plus étrange & de plus contraire à la

---

ſur ſes ſujets, puiſqu'il a la facilité de le faire par le moyen du Parlement, toutes les fois & de toutes les manières qu'il le juge à propos.

Tome I. M

liberté ; affemblage monftrueux de tant
d'ufages & de coutumes dont l'origine
vous eft inconnue ; de tant de lois nouvelles, qui contrarient les anciennes ; de
tant de décifions des tribunaux, qui ont
force de loi ; d'établiffemens utiles &
d'ordonnances pernicieufes ; de maux &
de remèdes ; d'appuis de l'indépendance
& de foutiens du defpotifme : une telle
Légiflation pourroit - elle détruire les
défauts de votre Gouvernement, & raffermir votre liberté fur une bafe inébran-
labe ? Portez donc une fois vers ce
grand ouvrage toute la force de votre
génie ; créez un nouveau fyftême de lois
dans lequel les vices de votre conftitution foient anéantis, où les droits ref-
pectifs de la couronne & du Parlement
foient fixés, où les anciens abus de toute
efpece foient abolis ; donnez-lui cette
unité de principes & de vues que ne peut
avoir une Légiflation compofée dans le
cours d'un fi grand nombre de fiècles, &
au milieu des différens périodes d'un Gouvernement réformé fans ceffe, & jamais
perfectionné ; qu'elle rappelle dans votre

patrie cette vertu fans laquelle il ne peut y avoir de liberté, ces mœurs fans lefquelles il n'y a point de patriotifme, cette éducation fans laquelle il n'y a point de mœurs; qu'en récompenfant le zèle de chaque citoyen, en puniffant la fraude & les intrigues de la Cour, en rendant enfin incorruptibles, par intérêt & par vertu, les membres du Parlement, elle fubftitue une liberté folide & conftante, à cette licence deftructive, dont l'anarchie ou le defpotifme eft toujours l'effet. Cherchez, en un mot, & votre enthoufiafme pour le bien public, joint à la profondeur de votre génie, vous rendra cette découverte facile, cherchez à concilier, dans votre Code, la liberté, la paix, & la raifon : alors il n'y aura plus rien à ajouter aux faftes de votre gloire (1).

----

(1) La jurifprudence angloife eft compofée, 1°. *du droit commun*; c'eft un mélange des lois anglo-faxones avec celles des Danois, recueillies par Edouard le Confeffeur, & augmentées par Guillaume le Conquérant; 2°. des *décifions parlementaires*, connues fous le nom

CHAPITRE XII.

Second objet du rapport des lois : le principe qui fait agir le citoyen dans les divers Gouvernemens.

Avant de rechercher quels sont les caractères de ce rapport, & les règles qui en dérivent, il convient de déterminer quelle en est la nature. Chaque Gouvernement, dit Montesquieu, a son principe d'action. La crainte est le principe des Gouvernemens despotiques, l'honneur, celui des Monarchies, & la vertu, celui des Républiques.

---

de *statuts* ; 3°. du *droit particulier*, c'est - à - dire, des *chartes de la cité* ; 4°. *des lois forestieres* ; 5°. *des lois militaires*, qui ne sont exécutées qu'en temps de guerre ; 6°. du *droit romain*, qui est suivi dans la Cour de l'Amirauté ; 7°. du *droit canonique*, qui forme la loi du Clergé dans tout ce qui n'est pas contraire à l'autorité royale & aux lois de l'Etat.

On peut juger, d'après cela, que les lois angloises ne le cèdent, ni pour la confusion ni pour la multiplicité, à celles du reste de l'Europe.

Sur quelles preuves , dit un philofo-phe célèbre (1), Montefquieu peut-il donc appuyer ce fyftême ? Eft - il bien vrai que la crainte, l'honneur, & la vertu font les forces motrices des divers Gouvernemens ? Ne peut - on pas dire au contraire qu'une caufe unique, mais toujours variée dans fes applications, eft ce principe d'activité commun à tous les Etats, & que cette caufe eft *l'amour du pouvoir ?* S'il eft vrai que l'amour du plaifir & l'averfion de la douleur foient les deux mobiles des actions de l'homme, il n'eft pas difficile de démontrer que *l'amour du pouvoir* eft le vrai principe d'action de tous les Gouvernemens, puifque l'amour du pouvoir prend fa fource dans l'amour du plaifir. Chaque homme fouhaite d'être heureux , & par conféquent d'avoir un degré de

______

(1) Voyez l'ouvrage *de l'Homme*, &c. , par Helvé-tius, fect. 4, chap. 11. Le grand nombre des Ecrivains qui ont réfuté le fyftême de Montefquieu , m'encourage à publier ici le mien , fans que je puiffe avoir la moindre prétention à relever fes erreurs.

M 3

puissance qui oblige les autres hommes
de contribuer à sa félicité ; c'est pour
cela qu'il désire avec tant de vivacité
le plaisir de leur commander. Cette
passion naît donc avec l'homme, elle
est inséparable de sa nature ; mais elle a
acquis, par le développement des rapports sociaux, un nouveau degré d'activité ; elle est devenue le véritable principe de toutes les actions de l'homme
dans les sociétés politiques, malgré la
différence de leurs constitutions. C'est
une vérité que je pourrois démontrer
jusqu'à l'évidence.

Mais cette démonstration seroit inutile :
ce n'est point pour d'obscurs & farouches
misanthropes que j'établis ces principes.
J'écris pour les hommes qui vivent au
milieu de leurs semblables, & qui
peuvent, à chaque instant, surprendre
dans eux-mêmes le motif secret de leurs
actions : il n'ont pas besoin de recourir
à des preuves étrangères ; qu'ils exami-
nent leur propre cœur, qu'ils analysent
toutes les affections de leur ame, & qu'a-
lors ils disent, s'ils en ont le courage,
que ce système est erroné.

Mais comment eſt - il poſſible , me répondra-t-on , que le même principe puiſſe agir également dans des conſtitutions ſi différentes ? Je n'ai qu'un petit nombre de réflexions à faire pour détruire cette objection. Dans chaque Etat, la puiſſance publique eſt placée ou dans les mains d'un ſeul , ou dans les mains de pluſieurs , ou bien elle eſt diſtribuée dans tout le corps de la nation. On voit déjà que , ſuivant les différentes diſtributions de l'autorité , les citoyens de ces Gouvernemens peuvent contracter des habitudes & des mœurs différentes , & ne pas ceſſer, pour cela , d'avoir le même objet en vue , c'eſt-à-dire , de ſe propoſer à eux-mêmes, comme le but unique de leurs actions , tout ce qui peut être agréable à la puiſſance ſuprême , afin d'obtenir , par ce moyen , quelque portion de ſon autorité.

Le moyen eſt donc toujours le même ; mais les effets ſont différens. *L'amour du pouvoir*, qui , dans une République libre & bien gouvernée , rend le citoyen vertueux & ami de la patrie , en fait un

M 4

monſtre dans un Gouvernement defpotique. Il produira, dans le même temps,
un Curtius, un Décius, un Fabius à
Rome, & le plus vil des efclaves dans les
contrées de l'Afie. Il fera naître dans le
même pays, mais dans des circonftances
& des époques différentes, un Cincinnatus, un Papyrius, un Cléandre, un
Pérennide, & un Séjan.

Ces idées générales une fois établies,
il n'eſt pas difficile de voir que tout ce que
Montefquieu attribue à fes principes, n'eſt
en effet que le réfultat de *l'amour* même
du *pouvoir* dans les divers Gouvernemens.

Il dit, par exemple; où le defpotifme
exiſte, il n'eſt point de vertu. Je l'avoue:
mais quelle en eſt la raifon? C'eſt parce
que, dans un Gouvernement arbitraire,
où l'autorité publique eſt toujours confiée à un homme élevé dans les murs d'un
férail & au milieu d'une foule d'hommes
avides & corrompus, le defpote imbécille ne peut choifir pour fes miniſtres
que les complices ou les apologiſtes de
fes crimes. Ce n'eſt point dans ce pays
que l'on verra paroître un Ariſtide ou un

Cimon, parce qu'il n'eſt pas poſſible que de tels hommes ſoient revêtus d'une portion de l'autorité qui eſt exercée par des mains corrompues. Eh ! comment la vertu pourroit-elle honorer le citoyen , comment l'amour de ſes devoirs pourroit-il le rendre meilleur , lorſqu'il voit la diſſolution, l'injuſtice , l'infamie , la fraude , & les vices de toute eſpèce , récompenſés par le Souverain, applaudis par la voix publique , & légitimés , pour ainſi dire, par la ſtupidité craintive & muette de la ſociété entière ; lorſqu'il voit l'homme du Prince faire adorer ſes erreurs , & le ſcélérat qui a trahi ſa patrie , devenir , par ſon crédit, le premier de ſes concitoyens? De quelque côté qu'il jette ſes regards, il n'aperçoit que des oppreſſeurs & des opprimés. Il voit l'homme juſte , tremblant pour ſa vertu , la dérober en ſilence au jour qui la pourſuit, & le citoyen courageux, obligé de démentir, par les dehors de la baſſeſſe , le noble ſentiment de ſes forces, parce que la vertu & la valeur ne ſont rien où le deſpote eſt tout. Pour mieux développer cette vérité , j'aurai

recours à un phénomène politique. Suppofons qu'un Prince, homme de bien, vienne
à s'affeoir fur le trône de cette nation ;
vous verrez toutes les chofes changer de
face en un inftant. Chacun s'occupera à
devenir utile au public, & toute l'habileté de l'ambition ne confiftera plus qu'à
fe rendre ou à fe montrer digne des charges auxquelles on afpire. Il eft vrai que
le défir de plaire à ce héros paffager qui
brille fur le trône, fera éclore, dans le fein
de cette nation, où la juftice ne peut pas
établir fon empire, une foule d'hommes
qui prendront le mafque de la probité,
pour s'élever à la puiffance ; mais cette
hypocrifie même, comme l'a fi bien dit un
philofophe, n'eft-elle pas un hommage
que le vice rend à la vertu ? L'homme de
bien fortira de l'obfcurité profonde où il
s'étoit enfeveli : & celui qui ne l'eft pas
encore, s'efforcera de le devenir ou de le
paroître. Voilà comme la vertu a quelquefois honoré le fiége même du defpotifme ;
voilà comme Trajan & les deux Antonins
opérèrent dans Rome, par le fecours des
mœurs, une révolution politique.

L'amour du pouvoir eſt donc la véritable cauſe qui détermine toutes les actions du citoyen , & qui , dans les Gouvernemens libres & populaires, en fait un homme vertueux.

Lorſque le peuple règne , c'eſt lui qui eſt le deſpote , & il ne peut déſirer que le bien de la plus grande partie de l'Etat. Les ſervices rendus à la patrie ſont donc les ſeuls moyens par leſquels le citoyen puiſſe obtenir une portion de pouvoir en récompenſe de ſon mérite ; il ſuit de là que *l'amour du pouvoir* doit néceſſairement faire naître dans le cœur de l'homme l'amour de la juſtice & de la patrie. On ſait que, pendant pluſieurs ſiècles, des prodiges de valeur, unis à des prodiges de vertu , éclatèrent dans Rome ; on ſait qu'elle offrit , à cette époque , dans chacun de ſes citoyens , pour ainſi dire , un Fabricius , un Régulus, & un Cincinnatus. Mais combien de temps durèrent ces prodiges ? Tant que la vertu & la valeur eurent droit de porter le citoyen romain au conſulat & à la dictature. A peine la liberté eut-elle fait place à la

tyrannie ; à peine la garde prétorienne &
les légions eurent-elles commencé à déci-
der du mérite de ceux qui devoient
gouverner la terre ; à peine le Capitole
eut-il été souillé par le commerce infame
des emplois & des crimes, que la vertu,
devenue inutile, disparut de l'Empire.
Alors les héros se transformèrent en dé-
lateurs ; le sénat devint l'instrument des
soupçons & de la haîne du tyran ; & pour
tout dire en peu de mots, il n'y eut plus
de patrie dans le pays de l'univers qui
étoit le plus digne du respect & de
l'amour de ses habitans (1). Les citoyens,
dans chaque Gouvernement , ne sont
jamais que ce que l'amour du pouvoir

------

(1) L'histoire des nations barbares qui vinrent désoler
l'Europe , nous offre un monument bien sensible de la
dégénération des Romains. Lorsque nous voulons insulter
un ennemi, dit Luitprand, & lui donner un nom odieux,
nous l'appelons Romain : ce nom seul exprime tout ce
que la luxure , le mensonge, & tous les vices , en un mot,
ont de plus effrené : *hoc solo , id est , quidquid luxuriæ,
quidquid mendacii , imò quidquid vitiorum est , compre-
hendens. Luitprand , in Muratori script. Ital. vol. 2 ,
part. 1 , p. A VI.*

les fait être (1) : c'eſt à la loi qu'il
appartient de diriger cette paſſion, pour
la rendre utile. Mais devra-t-elle la diriger
de la même manière dans tous les Gouvernemens ? Cela n'eſt pas poſſible. Puiſque les effets de ce principe unique &
univerſel varient avec la nature des Gouvernemens, la direction que la loi doit lui
donner, ne ſera pas plus uniforme : c'eſt
ce que je vais examiner avec attention.
En effet, tout ce que j'ai dit juſqu'à préſent

---

(1) Je ne nie pas que, même dans les Gouvernemens
où l'amour du pouvoir inſpire des vices au citoyen, il ne
puiſſe exiſter quelques hommes honnêtes qui préfèrent le
plaiſir ſecret de la vertu, à l'ambition de dominer ſur leurs
ſemblables par des actions infames. Dans le temps que Cati-
lina, à la tête de ſes complices, condamnoit à la mort celui
qui, dans Rome, avoit eu le courage de prononcer le doux
nom de patrie, on voyoit Titus Labiénus agir en citoyen,
en homme de bien, en héros ; & tandis que Céſar jetoit ſur
les ruines de la liberté les fondemens de la tyrannie la
plus exécrable, Caton haranguoit le peuple, fuyoit dans
Utique, & s'y poignardoit de ſes propres mains, pour
ne pas ſurvivre à la liberté de ſa patrie. Mais de pareil-
les exceptions ne peuvent détruire une règle générale,
parce que cent citoyens vertueux ne ſeroient rien au milieu
d'une multitude innombrable d'hommes corrompus.

feroit abfolument étranger à mon fujet,
fi, devant parler du rapport des lois avec
le principe qui anime les Gouvernemens,
je pouvois développer les règles qui dérivent de ce rapport, fans déterminer tout
de fuite le principe qui en eft l'objet. Je
commence donc par les Démocraties.

Dans ce Gouvernement, les lois doivent abandonner au peuple le choix de
fes Magiftrats & de fes Miniftres. C'eft
le meilleur moyen de faire de l'amour du
pouvoir la fource inépuifable des plus
grandes vertus. Le peuple entier eft rarement trompé ou féduit: il n'en eft pas de
même d'un fénat. Les rapports que chaque citoyen peut avoir avec quelques-uns
de fes membres, font bien plus grands &
bien plus fenfibles que ceux qu'il a avec
le corps entier de la nation. On peut,
fans un mérite diftingué, efpérer des
graces de la part du fénat, mais non
de la part du peuple. L'Hiftoire de
Rome & celle d'Athènes nous offrent
une preuve de cette vérité. Le peuple
qui avoit obtenu à Rome, après tant de
bruit & d'émeutes, le droit d'élever

les plébéïens aux charges de la République, ne put jamais se résoudre à les élire (1) ; & quoique dans Athènes il fût permis, par une loi d'Aristide, de choisir les Magistrats dans toutes les classes des citoyens, il est sans exemple, dit Xénophon, que le peuple ait jamais

---

(1) Pour appaiser le peuple qui demandoit à grands cris que les plébéïens fussent admis au Consulat, on établit quatre Tribuns revêtus de la puissance consulaire, lesquels pouvoient être également choisis parmi les plébéïens & les patriciens. Lorsqu'il fut question d'élire ces Tribuns, on les prit tous les quatre dans la classe des nobles : ce qui fait dire a Tite-Live : *Quorum comitiorum eventus docuit alios animos in contentione libertatis & honoris, alios secundùm deposita certamina in incorrupto judicio esse.*

On connoît l'expédient auquel Pacutius Calanus eut recours à Capoue, pour prévenir une sédition qui alloit s'élever dans cette ville contre le sénat. Machiavel, après avoir parlé fort au long de cet événement, en déduit une grande vérité ; c'est que le peuple peut se tromper dans les choses générales ; mais il juge toujours avec sagesse dans les faits particuliers ; il apprécie avec exactitude le mérite de ceux à qui il veut confier quelque emploi ; & rien n'est plus sûr d'ordinaire que l'opinion qu'il s'est formée à ce sujet. *Discours sur Tite-Live, décad. 1, liv. 1, chap. 48.*

demandé les emplois qui pouvoient inté-
resser son salut ou sa gloire (1). Il y a
encore un autre avantage attaché à cette
forme d'élection. Le peuple ne s'avise de
découvrir ni les talens obscurs, ni les
vertus secrètes; il pourroit se tromper
dans une pareille recherche. « Il n'a à se
» déterminer, dit Montesquieu, que par
» des choses qu'il ne peut ignorer, & des
» faits qui tombent sous les sens. Il
» sait très-bien qu'un homme a été sou-
» vent à la guerre, qu'il y a eu tels
» ou tels succès; il est donc très-capable
» d'élire un Général. Il sait qu'un juge
» est assidu, que beaucoup de gens se
» retirent de son tribunal contens de lui,
» qu'on ne l'a pas convaincu de corruption;
» en voilà assez pour qu'il élise un Pré-
» teur. Il a été frappé de la magnificence
» ou des richesses d'un citoyen, cela suffit
» pour qu'il puisse choisir un Edile (2) ».
Chacun sera donc alors persuadé que, pour

----

(1) Xénophon, pag. 691, édition de Wechelius,
1596.

(2) Esprit des Lois, liv. 2, cap. 2.

obtenir

obtenir quelque portion de pouvoir , il
faut conquérir l'opinion du peuple , &
par conséquent fixer ſes regards par des
talens diſtingués , des vertus éclatantes ,
& des exploits fameux. C'eſt ainſi que
l'on fait naître les héros ; c'eſt ainſi que
ce philoſophe illuſtre , digne de vivre
dans des ſiècles où les hommes étoient
plus pauvres & plus grands , ce Légiſlateur qui auroit obſcurci la gloire de Lycurgue & de Solon , s'il fût né vingt ſiècles
plutôt ; c'eſt ainſi , dis-je , que le vertueux
Penn a fait de la Penſylvanie la patrie
des héros , l'aſile de la liberté , & l'admiration de l'univers. Heureuſe contrée !
elle reçut les lois qui la gouvernent ,
d'un homme qui avoit abandonné ſa patrie , pour aller , dans un nouveau monde ,
faire luire les premiers traits de la bien-
faiſace & de l'égalité !

 Penn vit que le grand objet de la Légiſlation eſt de diriger vers le bien public
tous les intérêts particuliers , & que le
ſeul moyen de produire cet effet dans les
Gouvernemns libres , eſt de laiſſer au peuple la diſtribution de toutes les charges.

Tome I.   N

Ses opérations politiques furent conçues
& exécutées sur ce plan , & de cette
manière il jeta les premiers fondemens
d'une République qui fixe aujourd'hui
l'attention de toute la terre. C'est à la
philosophie de vouer à l'immortalité la
mémoire d'un homme qui le premier con-
duisit le bonheur au sein de l'Amérique ,
dans un temps où l'Europe entière sembloit conjurée pour y porter la misère &
le carnage.

La première loi qui maintient, dirige, &
rend utile *l'amour du pouvoir* dans les Gouvernemens libres & populaires , est donc
celle qui laisse au peuple entier le choix
des personnes auxquelles il doit confier
quelque portion de son autorité. La
seconde loi est celle qui donne à chaque
citoyen le droit de parvenir aux premières
charges de l'Etat , à moins qu'il n'en soit
exclus pour quelque délit qu'elle doit énoncer expressément. Rien n'est plus évident
que la nécessité de cette seconde loi. Si
chaque citoyen ne consacre ses travaux au
service de la patrie qu'à proportion des
récompenses qu'elle y attache ; si *l'amour*

du pouvoir est l'objet unique de toutes ses
espérances; si enfin les divers degrés d'autorité qui peuvent être confiés à un citoyen, sont, pour ainsi dire, la seule monnoie dont il veut que ses services soient
payés, il est facile de voir, d'après cela,
qu'à l'instant même où une partie des
citoyens est privée de ce droit, la République doit être séparée en deux classes, dont
l'une n'a aucun intérêt à la prospérité de
la patrie, parce que l'autre concentre en
elle seule l'honneur de la servir.

Qui ne sent combien une telle préférence attaque le principe du Gouvernement, altère l'équilibre, détruit l'égalité,
non pas cette égalité métaphysique, si
fort prônée dans des rêves politiques, mais
cette égalité, l'ame des Gouvernemens
populaires, qui n'a point pour objet les
conditions, mais les droits, & dont l'altération fait naître l'esclave à côté du
héros, & une troupe d'Ilotes dans la
patrie des Spartiates? La loi qui, dans
les Démocraties, donne à tous les citoyens
les mêmes droits aux charges publiques,
est donc une des lois les plus nécessaires

pour maintenir & diriger le principe du Gouvernement.

Enfin la dernière loi relative à cette partie, est celle qui empêche l'abus du pouvoir : comme un pareil abus, presque toujours inséparable du pouvoir même, anéantit les Gouvernemens libres & populaires, les lois doivent le prévenir.

C'étoit là, comme personne ne l'ignore, l'objet de *l'Ostracisme* chez-les Athéniens : la loi par laquelle il étoit établi, présentoit deux grands avantages : elle empêchoit tout abus de pouvoir, en excitant les citoyens que leur crédit & leur autorité avoient rendus suspects à la République ; elle entretenoit en même temps dans toute sa pureté le principe de la constitution. En effet, comme ce n'est pas seulement le pouvoir, mais l'opinion du pouvoir que l'on désire, chaque citoyen croyoit avoir conquis cette opinion, lorsque ses talens ou ses vertus le faisoient exiler de l'Etat. Voilà de quelle manière *l'Ostracisme* devint une récompense dans Athènes ; voilà comment une sage Législation peut, en maîtrifant à fon gré toutes les affeCtions de l'homme, changer, pour ainfi dire fa nature, jufqu'au point de lui faire abandonner avec plaifir fes parens, fes amis, fa patrie, & tous les objets, en un mot, qui lui font les plus chers.

Mais fans recourir à *l'Oftracifme*, qui paroît d'abord un moyen violent & tyrannique, les lois, par l'amour même du pouvoir, peuvent en empêcher l'abus.

Qu'elles défignent les routes que chaque citoyen doit fuivre pour s'élever aux premièrs places de l'Etat ; qu'elles fixent la durée de toutes les charges de la Magiftrature ; qu'elles établiffent entre elles un ordre de gradation tel que l'exercice d'un emploi ferve de preuve & de moyen pour en obtenir un autre d'un genre plus diftingué ; qu'entre ces deux emplois elles laiffent quelque intervalle, afin que pendant ce temps le Magiftrat, devenu homme privé, puiffe être foumis à l'accufation d'un citoyen qui ne le redoute plus ; qu'elles chargent un tribunal particulier de recevoir ces fortes de plaintes, de les examiner avec foin, & de rendre compte au peuple de la conduite du Magiſtrat, & on verra bien alors que ſans *l'Oſtraciſme* l'amour du pouvoir peut en prévenir l'abus.

Telles ſont les lois qui, dans le Gouvernement populaire, conſervent & dirigent l'amour du pouvoir. Examinons à préſent quelles doivent être ſur cet objet les lois du Gouvernement ariſtocratique. Cet Etat eſt, par rapport aux nobles, comme on l'a vu plus haut, ce que la Démocratie eſt par rapport au peuple. Il ſuit de là, que les perſonnes auxquelles on veut confier une portion de l'autorité, doivent être choiſies par le corps des nobles, commes elles ſont choiſies par le peuple dans la Démocratie. Ainſi, le mérite aura la plus grande influence dans la diſtribution des charges, & l'amour du pouvoir, en obligeant le citoyen à être juſte & à ſervir ſa patrie, deviendra néceſſairement utile à toute la ſociété.

Il y a plus; comme dans la Démocratie les nobles ſont tout, & que le peuple n'eſt rien, celui-ci ne peut avoir le moindre intérêt à travailler pour le bien public. Quel objet aura donc en lui l'amour du pouvoir , finon de détruire l'Ariftocratie , & d'effacer jufqu'à la dernière trace de cette avilissante & exécrable diftinction entre les droits des nobles & les droits du peuple ? Ce vice intérieur, qui feroit de la conftitution ariftocratique la plus funefte de toutes les conftitutions, doit être corrigé par les lois. Sans attaquer la nature du Gouvernement , elles pourroient appaifer l'indignation du peuple , & lui infpirer de l'intérêt pour la patrie ; d'abord, en lui ouvrant la porte de toutes les charges fubalternes , enfuite en accordant à chaque citoyen le droit de pouvoir être infcrit dans le corps des nobles , lorfqu'il réuniroit , aux talens qu'exige la loi , les autres circonftances qu'elle a déterminées. Cet établiffement offriroit deux avantages : il feroit paffer dans l'ame du peuple , avec l'efpoir des diftinctions , toute l'énergie de l'amour du bien public, & oppoferoit en même temps un obftacle invincible aux tranfports fougueux de la multitude ; parce que les citoyens les plus confidérés , voyant s'approcher d'eux l'inftant de leur admiffion dans le corps des nobles, auroient le plus grand intérêt à en défendre les droits. Voilà pourquoi les Patriciens trouvèrent quelquefois à Rome, dans les Tribuns du peuple, leurs propres défenfeurs.

Je vais expofer maintenant quelques idées générales fur les moyens dont les lois doivent fe fervir pour entretenir l'amour du pouvoir dans les Gouvernemens monarchiques ; & c'eft par-là que je terminerai ce chapitre.

Chaque portion d'autorité que l'on confie à un citoyen dans la Monarchie, ne peut être que l'émanation du pouvoir fuprême dépofé entre les mains du Monarque : c'eft donc le Souverain qui donne les charges, & qui diftribue parmi fes fujets les diverfes portions de l'autorité publique. Le citoyen, animé de l'amour du pouvoir, ne s'y propofera d'autre objet que de plaire au Souverain, & de fe le rendre favorable, afin d'obtenir de lui quelque autorité, en récompenfe des fervices qu'il lui a rendus. Mais comme, fous un Prince homme de bien, ce motif

fuffit pour remplir l'Etat de héros, il doit
faire naître une multitude d'adulateurs
& d'efclaves fous le gouvernement d'un
Monarque imbécille & corrompu. Que
peuvent faire les lois pour prévenir ce
mal & pour imprimer dans les Monarchies une direction plus sûre à l'amour
du pouvoir ? Si elles ôtent au Souverain
la diftribution des charges, elles bleffent
fes droits & altèrent la conftitution du
Gouvernement. Si elles donnent au public le droit d'en confirmer la concef-
fion, elles obcurciffent l'éclat de la fouveraineté. Le moyen le plus utile & en
même temps le moins contraire aux droits
du Souverain, feroit d'affigner quelques
charges pour les citoyens qui auroient
rendu à la patrie des fervices déterminés
par les lois, & d'établir, relativement à
toutes les autres charges, les degrés de
talens néceffaires pour en être revêtus.
Ce feul établiffement fait, depuis plufieurs
fiècles, la profpérité d'une nation où
chaque vertu, chaque talent utile eft une
fource d'eftime & de pouvoir ; où la
nobleffe ne donne pas, comme ailleurs,

une exiſtence de ſouvenir , mais où elle
eſt une récompenſe vraiment perſon-
nelle ; où l'homme diſtingué par ſes lu-
mieres & ſes vertus , ne ſe voit jamais
préférer celui qui n'a pour toute illuſtra-
tion que la gloire de ſes aïeux ; où les
charges , diſtribuées par la loi même &
offertes à l'émulation de tous , ne ſont
jamais en proie aux caprices du Prince
& aux intrigues des courtiſans. C'eſt ainſi
qu'au milieu du plus vaſte empire de la
terre , on voit régner , comme au ſein
d'une famille , cet ordre inaltérable qui
en aſſure le bonheur ; c'eſt ainſi qu'à la
Chine les lois animent & dirigent l'amour
du pouvoir , mobile unique & univerſel
de tous les Gouvernemens (1).

Dans ce pays , comme dans tous les
autres , où règnent les mêmes principes , les politiques ne proſcrivent dans
l'homme que cette ambition dont l'objet

____

(1) Pour ce qui concerne les Gouvernemens mixtes,
je renvoie le Lecteur au chapitre précédent , où j'ai montré
comment les lois poutroient , en dirigeant ce principe
d'action , inſpirer aux citoyens le plus grand intérêt pour
le bien public.

eſt d'opprimer ſes ſemblables. L'amour du pouvoir peut donc être conſidéré ſous divers points de vue : il eſt utile ou nui-ſible au bonheur des hommes. Dans le premier cas, la politique ne le condamne point ; dans le ſecond elle ne peut que le proſcrire.

Au ſein d'un Gouvernement libre, un ambitieux, dans le ſens que je viens d'expliquer, eſt un citoyen honnête, qui ne voit, dans la charge qu'il déſire, qu'un moyen de faire ſon bonheur, en travaillant à celui des autres : dans un Etat deſpotique, c'eſt un eſclave adroit, qui cherche à ſortir de la claſſe des opprimés, pour entrer dans celle des oppreſſeurs.

Dans un Gouvernement modéré, où les lois ont ſu diriger l'amour du pou-voir, un ambitieux eſt un bon citoyen, qui ne déſire d'autre autorité que celle dont il a beſoin pour faire obſerver les lois, défendre la patrie, protéger ſa liber-té, & mériter ainſi l'eſtime & la recon-noiſſance de ſes concitoyens, qui s'effor-ceront de contribuer à ſa félicité. Dans un Gouvernement tyrannique, c'eſt un monſtre qui ne déſire d'autre jouiſſance que celle de violer impunément toutes les règles de la juſtice, d'opprimer les malheureux, & de reſſerrer les chaînes du deſpotiſme.

Que la morale ne s'élève donc pas contre l'ambition & l'amour du pouvoir, mais qu'elle accuſe plutôt le Gouvernement & les lois qui ne ſavent pas diriger cette paſſion : ſans elle, la ſociété périroit de langueur & d'inactivité. Lorſque cette force eſt mal dirigée, elle imprime à la ſociété un mouvement de deſtruction ; lorſqu'elle eſt bien dirigée, la ſociété reçoit à chaque inſtant une nouvelle énergie, & s'approche du point de ſa perfection.

Du principe qui anime les Gouvernemens, je paſſe au génie & au caractère des peuples.

CHAPITRE XIII.

*Troisième objet du rapport des lois : le génie
& le caractere des peuples.*

CET objet peut être considéré sous deux
points de vue, ou par rapport à cet
esprit général, qui, dans chaque âge,
anime la plus grande partie des nations,
ou par rapport à ce caractère propre à
chaque peuple en particulier, pour lequel
les lois sont établies. Sous l'un & sous
l'autre point de vue, cet objet doit avoir
une grande influence sur le systême de
la Législation. Je rechercherai d'abord
quelle peut être l'influence de l'esprit
général du siècle, & je passerai ensuite
à celle du génie & du caractère particulier des peuples.

L'inconstance qui accompagne tout ce
qui est relatif à l'espèce humaine, se manifeste encore dans le génie des nations de
différens âges. L'esprit des siècles change
avec les circonstances qui concourent à le

former ; & le temps produit les mêmes
vicissitudes dans la constitution physique
que dans le caractère moral & politique
des peuples. La Législation pourroit-elle
donc négliger cet objet ?

Pour être persuadé de cette vérité ,
il suffit de jeter les yeux sur l'histoire des
nations & des siècles. Quels traits de
ressemblance avons - nous avec les anciens ? quel caractère commun ont leur
génie & le nôtre? où est cette manie de
la guerre , cette fureur des conquêtes,
cet esprit de discorde qui enflammoit tous
les esprits , armoit toutes les nations,
& qui , altérant les sentimens de la nature , rendoit la vie moins chère & la
mort moins affreuse ? que sont devenus
tous ces prodiges de valeur & de vertu ?
dans quels lieux verrons-nous ces grands
spectacles où le citoyen de la Grèce &
de Rome déployoit, aux yeux d'un peuple immense, toutes les ressources de sa
force & de son adresse , où les récompenses & les acclamations publiques nour-
rissoient dans toutes les ames le sentiment
vif & profond de la gloire , & où le

plaisir lui-même payoit une sorte de tribut
à la force & au courage ?

Aujourd'hui cette force & ce courage
sont devenus inutiles. Les hommes se combattent sans se toucher; ils meurent, sans
apercevoir la main qui les tue : une simple
matière sulfureuse, douée d'une élasticité
terrible, rend le plus foible égal au plus
fort, le plus courageux égal au plus lâche.
D'ailleurs l'objet de la guerre n'est presque
jamais le même. Tantôt les nations prennent les armes pour renverser ou pour
fonder des royaumes, tantôt pour venger les droits de la nature & de l'humanité. Aujourd'hui l'on se bat pour un
port, pour une mine, pour la vente
exclusive d'un aromate ; ou parce que le
caprice d'un homme puissant l'ordonne
ainsi. La plupart de ces guerres se font au
loin ; l'Océan en est presque toujours le
théâtre, & les nations en ressentent moins
les dangers. Les expéditions sont peu
fréquentes, & se font avec lenteur. Nos
pères, sans troupes fixes & mercenaires,
vivoient dans un état de guerre continuelle; & nous, au milieu de douze cent

mille hommes armés, nous vivons prefque toujours dans un état de paix profonde.
L'efprit de commerce anime toute la terre,
& l'on ne fonge par tout qu'à vivre tranquille & à amaffer des richeffes. Il eft facile
de voir combien cette révolution dans
les intérêts, le caractère, & le genie des
peuples, doit produire de différence dans
le fyftéme de leurs lois. Quelle feroit
aujourd'hui la deftinée d'une République où les lois profcriroient, comme à
Sparte, l'ufage de l'or & de l'argent; où
par elle la navigation & le commerce
feroient prohibés , l'agriculture & les
arts feroient avilis, où elles attacheroient
un caractère d'infamie au commerce, ame
& foutien de tous les Etats, dont il étoit
autrefois le principe deftructeur? Que
feroient en ce moment, avec de telles
lois, l'Angleterre & la Hollande? Amfter-
dam & Roterdam feroient, fur l'Océan,
ce que font Tunis & Alger fur la Médi-
terranée, ce que furent, pendant un certain temps, les Danois & les anciens habitans de la Norvège, & les flibuftiers dans
l'Amérique ; elles feroient, en un mot,

ce

ce qu’ont été la plupart des peuples barbares que la nature a fait naître sur les
bords de la mer , c’est-à-dire , deux Républiques de pirates, condamnées à vivre
de fourberie & de crimes de toute espèce ; elles seroient pauvres , parce que
la piraterie n’a jamais enrichi aucun peuple ; elles seroient dans un état précaire ,
parce qu’elles verroient toujours devant
elles la vengeance des nations, prête à les
punir de leurs brigandages. Gouvernées
par un autre système de lois , les nations
modernes font leur patrimoine commun
de toutes les richesses de la nature , & de
tous les ouvrages de l’art. L’excédant de
l’une devient , par le moyen de l’échange ,
un objet nécessaire aux besoins de l’autre :
la mer est, en quelque sorte , la base de
leur domination ; chacune d’elles s’enrichit avec le consentement de toutes les
autres , dont elle accroît le bonheur ,
en multipliant ses besoins.

Rappelons - nous quelle étoit à ce
sujet l’opinion des anciens , & rappro-
chons leur sentiment de celui des politiques modernes. Platon ne veut pas que

Tome I.   O

les arts s'avancent vers la perfection (1),
& il défend d'en introduire d'autres dans
fa République, que ceux qui font abfolument néceffaires aux befoins de la vie. Il
refufe de donner des lois aux Arcadiens
& aux Coroniens, parce que ces deux
peuples font riches, & qu'ils aiment l'opulence. Phocion, qui voit dans les richeffes d'Athènes la vraie caufe de fa ruine,
veut que les artifans foient regardés
comme des efclaves, & privés par conféquent des droits de la cité.

Tous les politiques & tous les hiftoriens de l'antiquité attribuent la décadence des nations aux richeffes qui ont
pénétré dans leur fein : & les lois de
Lycurgue, qui, pendant plufieurs fiècles,
furent les éloigner des murs de Sparte,
ont été propofées aux hommes comme

---

(1) Il vouloit que les tableaux deftinés à orner les
temples des dieux fuffent compofés & finis en un feul
jour, & il n'accordoit que cinq jours aux fculpteurs pour la
conftruction d'un tombeau. (*Plat. de Republ.*) Pour connoître l'opinion unanime des anciens fur les funeftes effets
des richeffes, il fuffit de lire Plutarque dans la Vie de
Periclès, & Sénèque, *Epift.* 8, 17, 20, 94, & 115.

le chef-d'œuvre de la politique & le modèle d'une Légiflation parfaite.

Perfuadés que les richeffes entraînent avec elles toutes fortes de vices, & qu'elles font, dans les mains du defpotifme, l'nftrument de la corruption & de la fer-vitude, ils plaignent Solon d'avoir été forcé d'abandonner de tels principes; & ils affurent que ce Légiflateur connoiffoit bien tous les vices de fon inftitution, puif-qu'il difoit lui-même qu'il n'avoit pas donné aux Athéniens les meilleures lois, mais les meilleures qu'ils fuffent en état de recevoir.

Telle étoit l'opinion des anciens, & c'étoit là le fyftême politique de la Grèce & de Rome. Leur grand objet étoit de conferver, avec la pauvreté, la frugalité; & avec la frugalité, la force, le courage, la conftance dans les travaux, & la févé-rité des mœurs. Maintenant tournons nos regards fur les modernes. Loin de confi-dérer la pauvreté comme un bien, nos politiques ne travaillent qu'à découvrir de nouvelles fources de richeffes : toutes leurs fpéculations n'ont pour but que les pro-

grès de l'agriculture, des arts, du commerce. Soyez riches, difent-ils aux peuples, fi vous défirez d'être heureux. Faites
en forte, difent-ils aux Souverains, que
vos fujets aient un grand excédant de productions, fi vous voulez être refpectés
au dehors, & tranquilles dans vos murs.
Votre trône fera chancelant, vos provinces feront expofées aux ufurpations de
vos voifins, tant que vos peuples feront
dans l'indigence : s'ils vivent, au contraire, au milieu des richeffes, votre nom feul
imprimera le refpect; on défirera votre
alliance ; vos droits ne feront pas violés ;
vos prétentions n'auront d'autres bornes
que celles de la juftice ; vous comman-
derez à vos voifins, qui étendroient fur
vous leur empire, fi vous étiez plus
pauvres qu'eux.

Quelle eft donc la caufe de cette
différence, ou, pour mieux dire, de cette
contrariété entre la politique ancienne &
la politique moderne? Devons-nous penfer que l'erreur eft de l'un ou de l'autre
côté, ou bien devons-nous plutôt admi-
rer ces deux fyftêmes qui ont fu conformer

fi parfaitement les lois au génie du fiècle qui les vit naître ? L'hiftoire de toute l'antiquité ne nous montre-t-elle pas les nations les plus riches foumifes à l'empire des peuples les plus pauvres ? Et les annales modernes de l'Europe ne nous font-elles pas voir le contraire ? Auroit-on maintenant quelque chofe à craindre d'une République qui auroit le principe de conftitution, les réglemens, & l'efprit de la République romaine ? Je le répète ; les chofes ont changé de face : ce n'eft pas le plus fort qui donne la loi au plus foible ; c'eft le plus riche qui domine fur le plus pauvre. Le temps n'eft plus où un homme, à la tête de deux légions, alloit combattre un nation entière : on ne fe bat aujourd'hui qu'avec des armées confidérables, & ces armées ne peuvent fubfifter que par de grandes richeffes. Deux cent mille hommes armés pour donner ou recevoir la mort, & cinquante millions, telle eft la bafe fur laquelle la maifon d'Autriche a appuyé, de nos jours, toutes fes prétentions fur quelques pouces de terrain dans la Bavière.

Les richeſſes ſont devenues le premier inſtrument de la guerre ; l'or & l'argent ſont les obſtacles ou les moyens de la conquête. D'après ces principes inconteſtables, puiſqu'ils ſont établis ſur les faits, c'eſt ailleurs que nous devons tourner nos regards. Dans un coin de l'Amérique, chez un peuple libre & commerçant, enfant de l'Europe, il eſt vrai, mais que l'oppreſſion a rendu ennemi de ſa mère, une voix s'eſt élevée, & elle a dit : Européens, ſi c'eſt pour votre ſeul intérêt que nous ſommes venus d'abord dans le nouveau monde, ſachez qu'aujourd'hui nos richeſſes, & les moyens que nous avons d'en acquérir de nouvelles, doivent nous arracher à cette ſervitude outrageante, & nous rendre une liberté qui ne tardera pas de devenir le lien de votre ſoumiſſion, & qui vous fera repentir quelque jour d'avoir été vous-même les artiſans de votre propre ruine. Notre indépendance, ouvrage de votre injuſtice & de nos reſſentimens ; les avantages de notre ſituation ; la célérité de nos opérations de commerce ; la

facilité que nous avons d'appeler vers
nous, par un seul acte de notre volonté,
les richesses des deux hémisphères ; les
progrès de notre population, qu'augmen-
tent sans cesse, & la multiplicité des
mariages, fruit de l'opulence publique,
& le concours des étrangers que l'espoir
du bonheur appelle sur nos côtes brillantes
des premiers rayons de la liberté ; tous
ces biens, unis à la supériorité qu'assurent
aux Etats & aux hommes la vigueur de
la jeunesse & le sentiment de la félicité,
nous donneront la force de balancer dans
nos mains les destinées de l'Amérique &
celles de l'Europe. Nous vous enleverons
toutes les sources de vos richesses : l'espace immense qui vous sépare de nous,
nous permettra de consommer nos projets
d'invasion, avant même que le bruit de
ces préparatifs soit parvenu jusqu'à vous.
Nous pourrons choisir nos ennemis, ainsi
que les lieux & les momens de nos victoires ; nos richesses & notre situation
nous assureront toujours le succès de nos
entreprises. Nos vaisseaux seront, à chaque
instant, en présence de ces côtes qui ne

peuvent être ni bien gardées , ni bien défendues par une puissance éloignée. Vos secours arriveront trop tard , & vos Colonies deviendront nos provinces, ou elles briseront leur chaîne avec le secours d'une alliance que nous ne refuserons jamais à la liberté qui réclamera notre appui contre la tyrannie. Alors , privés de toutes vos possessions dans l'Amérique , & par conséquent dans l'Asie, qui ne demande que notre argent, vous retomberez dans l'obscurité & dans la barbarie d'où vous êtes sortis ; & votre pauvreté seule pourra vous garantir de notre juste , mais inutile vengeance.

Telle est la déclaration funeste que les Colonies angloises peuvent faire à l'Europe : & c'est un tel peuple , non une République d'hommes pauvres & guerriers , qui doit aujourd'hui devenir l'objet de ses craintes.

Concluons : Si le génie du siècle est l'amour des richesses ; si la supériorité n'est pas du côté de la force , du courage , & des vertus guerrières, mais du côté de l'opulence ; si les nations les plus riches font auffi les plus heureufes au dedans, & les plus refpectables au dehors; ce n'eft donc point à former feulement des corps robuftes & des ames intrépides, mais à favorifer l'agriculture, les arts, le commerce, la création, la confervation, & la répartition des richeffes, que le Légiflateur doit s'attacher principalement.

Telle eft la grande influence que le génie du fiècle doit avoir fur le fyftême de la Légiflation; & tel eft le grand principe que je déduis du rapport des lois avec le génie des peuples, confidéré fous ce premier afpect. Il faut le confidérer maintenant fous un autre point de vue, & examiner l'influence du génie & du caractère particulier du peuple fur les lois que l'on veut lui donner.

Malgré toutes les caufes qui concourent aujourd'hui à effacer les différences de génie & de caractère des nations de l'Europe; malgré la communication habituelle des peuples, & l'origine prefque commune de leurs conftitutions; malgré les effets de l'ancien fyftême féodal, qui, s'étant établi dans toutes les parties de l'Europe , a dû y imprimer également fes maximes, fes diftinctions, fes préjugés chevalerefques , fa galanterie, fa *jurifprudence de l'épée* , & fon Code inconféquent & capricieux des lois de l'honneur ; malgré l'uniformité des maximes de la morale dérivée d'une religion dont la pureté a reçu chez quelques peuples des atteintes plus ou moins fenfibles , mais qui a toujours été refpectée dans cette partie de fes préceptes qui influent fur les mœurs ; malgré toutes ces caufes , les nations de l'Europe ont chacune un génie & un caractère particulier ; & fi cette différence n'eft pas auffi confidérable que celle qu'on obferve entre les anciens peuples qui ne fe rapprochoient que pour s'affaffiner , elle fuffit au moins pour fixer l'attention des Légiflateurs , & pour avoir une grande influence fur l'efprit de leur lois.

Je ne cherche pas la caufe de cette diverfité , je ne fais qu'en examiner les effets : je vois en France , par exemple , une nation douée d'une vivacité de caractère étonnante , d'un efprit facile &

fécond, d'un goût délicat, d'une imagination fenfible, mais fur-tout d'une vanité qui lui fait porter dans les arts toutes les reffources de fon génie. Cela me fuffit pour conclure que, chez cette nation plus que chez toutes les autres, la Légiflation doit encourager l'agriculture, dont les travaux pénibles & groffiers n'ayant rien de flatteur pour la vanité, doivent y être dédaignés & avilis par l'opinion publique. Les manufactures & les arts de goût n'ont pas befoin d'un grand encouragement pour y parvenir au plus haut degré de fplendeur; ce peuple donnera toujours le ton à la mode, déterminera la manière dont les Européens doivent être vêtus, fixera la forme de leurs ornemens, décidera de la conftruction & de l'embelliffement de leurs maifons, fe réfervera jufqu'au droit de rendre leurs femmes difformes & ridicules, en fubftituant des caricatures de fantaifie aux beautés fimples de la nature. L'artifte françois, je le répète, n'a pas befoin d'encouragemens pour des inventions de cette efpèce. Mais il n'en eft pas ainſi du cultivateur ; ſes campagnes reſteront en friches, & ſes bras langui-ront dans l'oiſiveté, ſans les ſoins du Gouvernement. Si Colbert eût bien ſenti toute l'importance de cette vérité, il n'auroit pas ſacrifié l'agriculture aux pro-grès des arts ; mais il auroit combiné leurs intérêts reſpectifs ; & la gloire de ſon miniſtère ne ſeroit plus équivoque.

Si, après avoir examiné la France, je jette les yeux vers le midi de l'Europe, je ne trouve plus ni le même génie, ni le même caractère.

Je vois la probité la plus ſevère ſe manifeſter dans les diſcours, dans les ſentimens, dans toutes les actions de l'Eſpagnol (1). Je vois encore dans ſes manières une ſorte de rudeſſe ; dans ſes habitudes, un attachement particulier à ſes anciens uſages; dans ſon ame, le germe de la ſuperſtition, toujours prêt à éclore; & dans ſon eſprit, un ſentiment d'orgueil

---

(1) Les Hiſtoriens de l'antiquité donnent les plus grands éloges à leur bonne foi. *Juſtin*, *liv.* 43, louc beaucoup leur fidélité dans la conſervation des dépôts.

qui lui fait regarder le travail comme un acte avilissant : je conclus de là, que le Législateur doit, pour quelques objets, se servir du génie de ce peuple, & le corriger ou le modifier pour d'autres.

Il se servira, par exemple, de cette bonne foi pour animer & faciliter le commerce intérieur & extérieur : il débarrassera les contrats d'une grande partie de cet appareil solennel qui en retarde les effets, mais que les lois ont dû opposer ailleurs à la fourberie & à la séduction (1). Il emploiera la rudesse de leurs manières, comme un moyen propre à

---

(1) Ce ne seroit pas la première fois que les lois auroient laissé au génie & au caractère des peuples le soin de remplacer leur sanction. Nous savons que pendant long-temps les Romains n'eurent aucune loi particulière contre le péculat ; & lorsque ce délit commença à se manifester dans Rome, on le regarda comme si infamant, que la simple restitution de la somme qu'on avoit prise, fut considérée comme une très-grande peine. Voyez ce que dit *Tite-Live* sur *L. Scipion. liv.* 38. *Platon, de legibus lib.* 12, assure que Rhadamante, qui gouvernoit un peuple religieux, n'avoit établi d'autre preuve que le serment.

conferver l'auftérité des mœurs. Leur attachement aux anciens ufages lui apprendra
que les innovations les plus utiles devien-
droient un objet de mépris , & que, dans
ce pays fur-tout, il eft néceffaire que les
efprits foient préparés avec foin , même
pour les inftitutions le plus fagement
combinées. Le penchant de ce peuple à la
fuperftition démontrera au Légiflateur que
l'Etat auroit plutôt befoin d'une inquifition contre le fyftême de cruauté qui
le tourmente , & les impofteurs qui en
profitent , que d'une inquifition contre
l'incrédulité, à laquelle l'Efpagnol ne paroît pas difpofé par la tournure de fon
caractère ; ce même penchant lui montrera encore combien il importe que
dans cette nation les connoiffances humaines puiffent s'élever à ce degré de
perfection qui fait difparoître fans retour
le règne du fanatifme & de l'erreur.
Enfin ce fentiment d'orgueil qui lui fait
jeter fur l'homme laborieux un regard
de mépris , ce fentiment fera connoître
au Légiflateur qu'il ne fuffit pas en
Efpagne , pour rendre le travail commun,

que les lois le rendent utile à ceux qui
s'y livrent, mais qu'elles doivent l'en-
noblir en même temps aux yeux de toute
la nation, & pour le rendre honorable,
fe fervir de cet efprit d'orgueil qui
le dédaigne. Qu'on ne m'oppofe pas
l'objection ordinaire de la prétendue
impoffibilité. Rien n'eft impoffible à un
fage Légiflateur. Si l'exil de la patrie,
comme je l'ai obfervé, devint un honneur chez les Grecs; fi une bonne
Légiflation fut rendre défirable l'*Oftracifme* lui-même; fi c'étoit là le dernier
vœu qu'adreffoit aux maîtres du ciel,
pour prix de fes grandes actions, l'Athé-
nien illuftré par des vertus & des victoires; fi, dans le nord de l'Europe, un
Légiflateur de ce fiècle a fu donner à fa
nation une nouvelle exiftence; fi la Suède
a changé de face au moment que Guftave
eft monté fur le trône; fi une révolution
univerfelle dans la conftitution du Gouvernement, dans les mœurs, & jufques
dans les habillemens de fes fujets, a été
préparée & finie par ce jeune Souverain
dans un petit nombre d'années, fera-t-

il impoſſible de faire en Eſpagne une révolution ſemblable, mais plus facile peut-être ? Si mon objet étoit de tracer un plan de Légiſlation pour cet Empire ſeul, j'indiquerois la route que l'on doit ſuivre, & les inſtrumens dont on doit ſe ſervir pour faciliter cette opération : mais ce n'eſt point là l'ouvrage que j'ai entrepris. Je n'ai même parlé, dans ce chapitre, de la France & de l'Eſpagne, que pour faire ſentir de quelle manière le génie & le caractère d'un peuple doivent influer ſur le ſyſtême de lois qu'on lui donne. Content d'avoir développé avec clarté, comme je le crois, toutes mes idées ſur cette matière, je paſſe à l'influence du climat.

La contrariété qui règne ſur cet objet entre les philoſophes & les politiques, la difficulté de jeter quelque lumière ſur une queſtion auſſi obſcure, & les obſta-cles que l'on rencontre à chaque pas, lorſqu'on veut généraliſer les principes légiſlatifs qui en dérivent ; toutes ces raiſons m'engageront peut-être à donner à cet examen plus d'étendue que je ne le voudrois.

voudrois. J'espère que ce défaut sera compensé par la grandeur, la nouveauté, & l'évidence des résultats.

CHAPITRE XIV.

Quatrième objet du rapport des lois : le climat.

ON a cru , & l'on croit peut-être encore que Montesquieu a parlé le premier de l'influence du climat. Cette opinion est une erreur. Avant lui , le délicat & ingénieux Fontenelle s'étoit exercé sur cet objet (1). Chardin , un de ces voyageurs qui savent observer , a fait beaucop de réflexions sur l'influence physique & morale des climats. L'Abbé Dubos a soutenu & développé les pensées de Chardin ; & Bodin , qui peut-être avoit lu dans Polybe que le climat

(1) Machiavel , en plusieurs endroits de ses Ouvrages , parle aussi de cette influence du climat sur le physique & sur le moral des peuples.

Tome I.   P

détermine les formes, la couleur, & les mœurs des peuples, en avoit déjà fait, cent cinquante ans auparavant, la bafe de fon fyftême, dans fon Livre de la République & dans fa Méthode de l'Hiftoire (1). Avant tous ces Ecrivains, l'immortel Hippocrate avoit traité fort au au long cette matière dans fon fameux ouvrage *de l'air, des eaux, & des lieux*. L'Auteur de l'Efprit des lois, fans citer un feul de ces philofphes, établit à fon tour un fyftême ; mais il ne fit qu'altérer les principes d'Hippocrate, & donner une plus grande extenfion aux idées de Dubos, de Chardin, & de Bodin. Il voulut faire croire au public qu'il avoit eu le premier quelques idées fur ce fujet ; & le public l'en crut fur fa parole. On doit pardonner cette légère faute à un génie créateur, qui, accoutumé à penfer d'après lui-même, croyoit quelquefois

---

(1) Il conviendroit, dit Bodin, de gouverner les peuples du Nord par la force & les armes ; les peuples du Midi par la religion & la crainte de la divinité, les autres par la juftice & l'empire de la raifon.

inventer, lorſquil ne faiſoit que répéter les opinions des autres. Comme il n'eſt pas difficile *d'ajouter aux découvertes*, j'oſerai, même après ces Auteurs, préſenter ici mes idées.

J'abandonne volontiers à Monteſquieu toutes ſes obſervations ſur la langue d'un mouton, couverte de mamelons revêtus de poils ou d'une eſpèce de duvet, entre leſquels on aperçoit des pyramides qui forment par le bout comme de petits pinceaux qu'on voit diſparoître à l'inſtant que cette langue ſe gèle (1) : il peut déduire de ce fait, comme d'un principe immuable, les différens degrés de ſenſibilité, de force, de courage, l'inégale activité des paſſions, des ſentimens, & de l'amour du plaiſir. Je néglige de telles obſervations, plus dignes ſans doute d'être placées dans l'hiſtoire du microſcope que dans une diſcuſſion politique. Cet homme célèbre regarde l'influence du climat comme la cauſe univerſelle de preſque tous les phénomènes moraux &

---

(1) Eſprit des lois, liv. 14, chap. 2.

politiques ; & c’eſt pour appuyer cette·
opinion qu’il a fait naître un ſyſtême où
l’on trouve plus de hardieſſe & de ſin-
gularité, que d’exactitude dans les obſervations, & de vérité dans les conſéquences. Je me garderai bien de tomber
dans les mêmes défauts, & d’abuſer ainſi
des témoignages de l’Hiſtoire & des
lumières de l’expérience.

Pourrois-je dire, par exemple, avec
l’Auteur de l’Eſprit des Lois, que, ſi les
peuples du Midi ont toujours été ſubju-
gués par les peuples du Nord, c’eſt à
la différence du climat qu’il faut en attribuer la cauſe ; tandis que l’Hiſtoire nous
fournit d’un côté autant de preuves contraires à cette aſſertion, qu’on en trouveroit ailleurs de propres à la ſoutenir ?
Les Romains, vaincus dans un temps
par les ſeptentrionaux, ne ſubjuguèrent-
ils pas, dans un autre temps, les mêmes
peuples ? leurs armes victorieuſes ne
triomphèrent-elles pas des Sarmates &
des Bretons ? Tamerlan, parti des extré-
mités de l’Inde, ne porta-t-il pas ſes
conquêtes juſques dans les climats glacés

de la Sibérie ? les Péruviens ne subju-
guèrent-ils pas plusieurs peuples situés au
nord de leur pays ? les étendarts des
croisés ne furent-ils pas la proie des
vaillans Sarrasins ? & ce peuple, sorti
des sables ardens de l'Arabie, ne sou-
mit-il pas plusieurs nations, n'abaissa-t-
il pas la puissance espagnole, ne porta-
t-il pas la désolation jusqu'au centre de
la France ? les Huns n'abandonnèrent-
ils pas les Palus-Méotides, pour aller
charger de chaînes des peuples plus sep-
tentrionaux ? les Parthes ne furent-ils pas
la terreur de Rome, dans un siècle où
elle n'avoit encore rien perdu de son
ancienne valeur ? les Persans & les Egyp-
tiens n'ont-ils pas été comptés pendant
quelque temps dans le nombre des peuples les plus guerriers de la terre ? la
Perse, sous le règne de Cyrus, étoit-
elle donc plus éloignée du soleil qu'elle
ne l'est aujourd'hui ? la Laconie, maintenant habitée par les plus vils esclaves,
n'a-t-elle pas été la patrie des guerriers
& des héros ? Si Athènes n'a plus de
Phocion, Thèbes de Pélopidas, Rome de

Décius, eſt-ce donc le climat qu'il faut en accuſer ?

Pourrois-je dire encore, avec le même Auteur, que c'eſt le climat qui rend la liberté plus chère aux peuples du Nord qu'aux peuples du Midi, lorſque je vois le deſpotiſme placer également ſon trône ſur les ſables brûlans de la Libye & dans les forêts glacées du Septentrion, dans les plaines fertiles de l'Indoſtan & dans les déſerts de la Scythie ? Croirai-je que la liberté ſoit excluſivement créée pour les ſeptentrionaux, lorſque je vois la féodalité étendre au loin ſes racines dans la Ruſſie, le Danemarck, la Suède, la Hongrie, la Pologne, & dans preſque toute l'Europe ? Croirai-je que la chaleur du climat condamne l'homme à la ſervitude, lorſque je vois l'Arabe vagabond ſe dérober pendant tant de ſiècles au joug du deſpotiſme qui opprime à côté de lui le Perſan, l'Egyptien, & l'Africain ; lorſque je vois enfin, ſous le même parallèle, le Tartare indépendant & le Sibérien eſclave ?

Me ſeroit-il permis enfin d'attribuer

au climat ces suicides si fréquens en
Angleterre, lorsque, dans une seule année,
plus de cinquante malheureux se donnent, à Paris, la mort de leurs propres
mains (1), lorsque, chaque année, on
compte à Genève dix ou douze suicides?
Rome, dans l'espace de sept siècles,
n'offre qu'un exemple de suicide; c'est celui de Lucrèce : mais ensuite, dans un
intervalle de quelques années & sans
que le climat ait éprouvé le moindre
changement, on voit Caton, Brutus,
Cassius, & un grand nombre d'autres Romains donner au monde ce fatal exemple.

Je ne finirois point si je voulois
parler de tous les effets que Montesquieu attribue au climat, mais que la
raison & l'expérience nous forcent de
rapporter presque généralement à des
causes très - différentes. Le lecteur
pourra consulter le célèbre ouvrage
de Hume (2), qui, par ses vastes
connoissances & la profondeur de ses

______

(1) En 1774.

(1) Essais moraux. Essai 24. Voyez aussi le livre de
l'Esprit, par *Helvétius*, & sur-tout le discours 3.

P 4

raifonnemens , a fu défabufer le public
des paradoxes auxquels l'éloquence , les
graces , & les brillantes épigrammes
de Montefquieu avoient attaché une
forte de féduction : mais comme la
vérité n'eft jamais dans les extrêmes, je
crois que ces deux illuftres Auteurs font
également répréhenfibles , l'un pour avoir
donné trop d'étendue à l'influence du
climat , l'autre pour avoir nié l'exiftence
de cette force. Egalement éloigné de
ces deux opinions , je me contenterai
de dire , 1°. que le climat peut influer
fur le phyfique & fur le moral des hommes, comme caufe *concurrente*, mais non
comme caufe *abfolue* ; 2°. que cette
influence eft très-forte dans les climats extrêmement chauds ou extrêmement froids , mais qu'elle eft à peine
fenfible dans les climats tempérés ; 3°.
que la fituation d'un pays , par rapport
au foleil , ne peut pas feule en déterminer
le climat ; 4°. que, quelle que foit la
force de cette influence , le Légiflateur
doit en affoiblir les effets , lorfqu'ils
font nuifibles, en profiter s'ils font utiles,

& même les respecter, quand ils ne sont pas dangereux.

Je prie le lecteur de ne point se hâter, sur un simple énoncé & avant d'avoir lu ce chapitre , de juger avec trop de rigueur le plan que je suis obligé de suivre. Je le prie de ne point m'accuser d'une vaine abondance , parce que je vais traiter quelques questions qui , au premier coup-d'œil , paroissent étrangères à mon objet. Lorsqu'il verra le point où elles doivent toutes se réunir, il sentira combien il étoit nécessaire de fixer d'abord avec précision ces différentes données, afin de mieux développer ensuite les principes législatifs qui en dérivent.

Pour éclaircir ces propositions dans l'ordre où je viens de les exposer , je commencerai par la première d'entre elles.

On ne peut douter que le climat n'influe sur le physique & sur le moral des hommes. La matière ignée répandue sur notre globe est certainement une des forces de la nature ; & cette force ne peut rester sans activité : elle agit sur les végétaux comme sur les animaux. L'homme

distingué de tous les êtres vivans par
la perfectibilité de sa raison , peut ,
à l'aide de son intelligence , maîtriser
quelquefois cette force toujours active,
& en préparer les effets ; mais il ne peut
l'anéantir. La quantité plus ou moins
grande de cette matière répandue dans
l'atmosphère au milieu duquel l'homme
existe, produit la chaleur ou le froid.
L'homme pourra donc diminuer l'action
de ces deux extrêmes ; mais il ne pourra
la détruire entièrement. Un degré violent
de chaleur , soit qu'il naisse de la présence du soleil , soit qu'il ait une cause
locale , doit relâcher ses fibres , en
les rendant plus délicates , & énerver
son corps par les transpirations trop
abondantes , qui naissent de l'agitation
des humeurs: sa chaleur naturelle, qui,
d'après les physiologistes, est toujours
en raison inverse de la chaleur du
climat, doit donc enfin diminuer. Cela
posé , les facultés morales de l'homme pourroient - elles ne pas se ressentir
de l'altération de ses facultés physiques? Nous - mêmes, qui vivons dans

des climats tempérés, n'éprouvons-nous
pas, au milieu des chaleurs excessives
de l'été, une sorte de langueur qui tient,
pour ainsi dire, notre mémoire assoupie ?
L'état où nous sommes alors n'approche-
t-il pas quelquefois de l'imbécillité ? ne
nous semble-t-il pas qu'un voile est
étendu sur nos idées, qu'une force étrangère comprime toute notre intelligence,
& que nous n'avons plus le pouvoir d'en
user ? Telle est la nature des rapports qui
existent entre le corps de l'homme & son
esprit, que les affections de l'un doivent
nécessairement se communiquer à l'autre.
Il seroit donc étrange d'imaginer que
le climat n'influe point sur le physique
& sur le moral de l'homme ; mais il ne
l'est pas moins de regarder cette force
comme l'unique cause qui agisse sur lui.

Si l'esprit est soumis aux impressions
du corps, le corps l'est pareillement aux
affections de l'ame ; & cette loi dérive
de leur dépendance réciproque. L'éducation, les lois, la religion, l'esprit,
les maximes, les principes du Gouvernement font autant de forces qui

agissent à chaque instant sur l'homme civilisé. Ce sont elles qui accélèrent ou retardent le développement de son intelligence ; qui excitent, ou maîtrisent, ou dirigent ses passions ; qui le rendent vil ou courageux ; qui lui inspirent l'amour de la liberté, ou qui le rendent insensible au poids des chaînes dont l'accable le despotisme. Toutes ces causes morales, jointes aux causes physiques, parmi lesquelles le climat tient quelquefois le premier rang & quelquefois le dernier, toutes ces causes, dis-je, concourent à modifier l'homme civilisé, & le rendent enfin tel qu'il est. Il est difficile de déterminer avec précision quels sont les degrés d'activité de chacune de ces forces ; mais en réduisant la question à des termes généraux, on pourra dire que les causes physiques ont toujours le plus grand degré de puissance dans une société de sauvages, comme les causes morales ont la plus grande énergie dans une société civilisée (1). Le climat influe donc sur le

____

(1) Personne n'a mieux connu cette vérité qu'Hip-

physique & sur le moral des hommes,

___

pocrate. Je citerai ici avec plaisir l'opinion de ce grand homme, pour faire voir combien mes principes sont conformes aux siens. En examinant par quels motifs presque tous les Asiatiques abhorrent la guerre, il n'exclut pas à la vérité l'influence du climat, mais il attribue sur-tout la cause de cette aversion à la nature de leur Gouvernement. Après avoir parlé des causes physiques, il dit : *Propter quas sanè causas imbelle Asianorum genus existit, atque adhuc ampliùs propter leges. Maxima enim Asiæ pars sub Regibus est. Ubi autem non in suâ potestate vivunt homines, neque sui juris sunt, sed dominis subjecti, ibi non multùm curiosi sunt, quomodò sed ad bellum apparent, imò magis hoc curant ut ne bellicosi videantur. Pericula enim eis non æqualia instant. Nam hi in militiam proficisci, laboresque perferre, ac mortem oppetere pro dominis suis coguntur, relictis interim domi liberis, uxoribus, ac reliquis amicis : atque si quidem viriliter & feliciter bellum gesserint, dominis indè commoda accedunt, eorumque facultates indè augentur, verum ipsis præter pericula & cædes nihil demetitur..... At quod quicumque in Asiâ Græci, itemque Barbari dominis non subsunt, sed jure suo degunt, sibi ipsisque omnes labores lucri faciunt, illi bellicosissimi omnium existunt.... Unde bellicosiores quoque Europæi existant non ob hanc solam causam (le climat), sed & propter leges. Non enim Regibus obediunt, quemadmodùm Asiani. Ubi enim sub Regibus vivitur, ibi necesse est homines timidissimos esse, quemadmodùm & suprà ostendi. (De aëribus, aquis, & locis. § 30, 40, 41, 54.*

comme cauſe *concurrente*, mais non comme cauſe *abſolue*. Toutes choſes égales d'ailleurs, il agit en tous lieux avec la même force. Nous voici arrivés à la ſeconde propoſition.

J'ai dit que l'influence du climat eſt très-forte dans les climats extrêmement chauds & extrêmement froids, mais qu'elle eſt à peine ſenſible dans les climats tempérés. C'eſt ce qu'il faut examiner.

L'homme, d'après les obſervations des Phyſiologiſtes, n'eſt ſuſceptible que d'un degré déterminé de chaleur. Cette chaleur n'eſt autre choſe que ſa chaleur naturelle, combinée avec la chaleur atmoſphérique du pays où il vit : donc à meſure que celle-ci ſera plus grande, celle-là ſera moindre, & réciproquement. Dans les climats tempérés, la chaleur naturelle ſe met d'ordinaire en équilibre avec la chaleur de l'atmoſphère ; ou s'il y a quelque différence, elle eſt à peine ſenſible, ſinon dans ſon intenſité, au moins dans ſes effets. Mais dans les climats fortement caractériſés, dans les climats très-chauds ou très-froids, cette différence doit nécessairement être considérable. Si dans un pays, par exemple, la chaleur atmosphérique surpasse des deux tiers la chaleur naturelle, & si, dans un autre pays, la chaleur naturelle surpasse de deux tiers la chaleur atmosphérique, l'altération qui doit en résulter dans l'organisation des habitans de ces deux pays, est si grande, & d'une espèce si peu semblable, que l'observateur le moins intelligent peut apercevoir les effets qu'elle doit produire dans le développement de leurs facultés physiques, comme dans celui de leurs facultés morales, lesquelles dépendent en grande partie des autres. Qui ne reconnoîtra l'influence du climat sur le tempérament, les habitudes, & la manière de vivre des habitans du Groenland & du Sénégal ? Mais quel homme pourra distinguer cette influence du climat à Paris, à Gênes, à Naples, & à Constantinople ? Je dis qu'elle est si légère, si insensible, qu'il faut être bien prévenu en faveur du système de Montesquieu, pour en reconnoître l'existence. L'action du climat est

donc très-puissante dans les pays extrêmement chauds & extrêmement froids:
elle est à peine sensible dans les pays
tempérés. On me demandera peut-être
si la situation d'une contrée, par rapport
au soleil, doit déterminer la nature de
son climat, & s'il ne seroit pas possible
de trouver sous le même parallèle un
climat très-chaud & un climat très-froid?
Telle est la troisième proposition que je
dois examiner: je me contenterai de rapporter des faits.

Si la situation d'un pays, par rapport
au soleil, devoit déterminer la nature
de son climat, il n'y auroit autre chose
à faire, pour en calculer les degrés de
chaleur & de froid, qu'à observer le
nombre de degrés & de minutes qui sé-
parent de l'équateur le parallèle sous
lequel ce pays est placé: cette opération
seroit facile. Le Géographe qui en for-
meroit le projet, n'auroit qu'à s'élever
sur la première montagne voisine, ou à
descendre vers les bords de la mer situés
à la même latitude, & l'erreur seroit
bientôt aperçue. Il verroit qu'entre deux

cents endroits placés sous le même parallèle , deux , à peine , ont le même climat : il trouveroit dans les uns des différences plus ou moins sensibles , suivant que les circonstances locales seroient elles - mêmes plus ou moins variées , & dans les autres , des contrariétés frappantes. Il verroit , sous le même parallèle , & l'Afrique brûlante & les Cordelières toujours couvertes de neige. Cette partie du nouveau monde , qui , vu sa situation, devroit offrir un climat tempéré , n'est - elle pas assiégée par des glaces éternelles ? Terre-Neuve , une partie de la nouvelle Ecosse & du Canada sont situées sous le même parallèle que la France : le pays des Esquimaux , une partie du Labrador , la baie méridionale d'Hudson se trouvent à la même latitude que la Grande - Bretagne ; & cependant quelle différence prodigieuse entre leurs climats (1).

Ce n'est donc pas la situation d'un pays , par rapport au soleil , qui peut

____

(1) Robertson , histoire de l'Amérique , liv. 4.

Tome I. Q

seule en déterminer le climat. Ce qui le constitue , c'est un degré constant de chaleur ou de froid dans l'atmosphère ; & cet effet ne dépend pas uniquement de la latitude ; il dérive d'une foule d'autres causes locales, telles, par exemple, que l'élévation d'un pays au-dessus de la mer , l'étendue du continent, les qualités du sol , le voisinage des bois, la hauteur des montagnes adjacentes, la nature des vents qui y règnent, & mille circonstances semblables (1).

La vérité des trois premières propositions me paroît suffisamment démontrée. Passons à la quatrième ; elle touche de plus près à mon sujet.

J'ai dit que, quelle que soit la force de l'influence du climat , le Législateur, loin de la négliger , doit en affoiblir les effets lorsqu'ils sont nuisibles, en profiter s'ils sont utiles , & même les respecter lorsqu'ils ne sont pas dangereux. C'est ici que vont se réunir les différentes

____

(1) Voyez *Varenii Geographia generalis* , cap. 26 prop. 1.

données que j'ai établies dans le cours de ce chapitre.

Quoique le climat, avons-nous dit, n'influe jamais sur l'homme comme cause *absolue*, mais comme cause *concurrente*, ses impressions doivent néanmoins agir nécessairement sur les facultés physiques & morales de l'homme. Cet objet mérite donc l'attention du Législateur.

Nous avons ensuite ajouté que l'influence du climat n'est pas toujours la même, que ses impressions se font plus ou moins sentir, suivant la différence des lieux ; que cette influence est fort sensible dans les climats très-chauds & très-froids, qu'elle l'est moins dans les climats tempérés. Quelle différence doit donc produire, dans le système législatif, une telle variété ? Examinons cette proposition.

La maxime générale, que *les extrêmes se touchent*, se vérifie sur-tout relativement au climat. Dans les pays très-chauds, ainsi que dans les pays très-froids, le développement des facultés morales est comme arrêté par une force secrète. La

chaleur naturelle de l'homme étant toujours, comme nous l'avons obfervé plus
haut, en raifon inverfe de celle du climat,
elle diminue prodigieufement dans les
pays très-chauds, tandis qu'elle s'accroît
beaucoup dans les pays très-froids. Ces
deux caufes phyfiques, quoique contraires entre elles, produifent le même effet
moral. En altérant le mécanifme naturel
de l'homme, elles doivent arrêter le développement de fes facultés intellectuelles,
qui ne peuvent jamais être indépendantes
de fes facultés phyfiques. L'extrême relâchement des fibres, l'inactivité des
fluides, la lenteur de toutes les actions
animales frappent l'homme d'une foibleffe
exceffive dans les climats très-chauds.
Sa fenfibilité n'a prefque plus d'énergie,
& il eft plongé tout entier dans une forte
d'engourdiffement & de ftupidité. Dans
les pays très-froids, la tenfion des
fibres, leur roideur, le jeu violent des
fluides, le rétréciffement des vaiffeaux
fanguins, un fang plus épais doivent
produire auffi la torpeur & la ftupidité:
que s'enfuit-il de là? C'eft que, dans

les pays très-chauds ou très-froids, les
lois doivent avoir la plus grande énergie ; mais dans les pays tempérés, le
Légiflateur n'aura befoin que d'enlever
quelques obftacles, pour faire naître ce
mouvement politique qui donne la vie à
la fociété. Il faut donc employer, dans
les premiers, des moyens très-puiffans.
Il faut de grandes récompenfes & des
menaces effrayantes, une éducation plus
robufte, une émulation entretenue par la
vigilance des lois; il faut que l'induftrie y
foit encouragée, je ne dis pas feulement
par cette liberté dont les avantages nous
fuffiroient, dans nos climats tempérés, pour
donner au talent le plus grand degré d'activité, mais par les libéralités du Gouver-
ment, &c. Tels font les moyens par
lefquels le Légiflateur peut remédier aux
effets dangereux du climat. Voyons maintenant s'il peut quelquefois en affoiblir
la caufe même.

Nous avons dit, dans la troifième pro-
pofition, que la fituation d'un pays, par
rapport au foleil, ne détermine pas feule
fon climat, mais que les circonftances

locales contribuent à produire cet effet?
or on peut quelquefois changer ces circonſtances mêmes. Une contrée a-t-elle
des bois trop étendus? eſt-elle envi-
ronnée d'eaux ſtagnantes & de marais
infeĉts? les lois n'ont qu'à favoriſer
l'agriculture & la population, & bientôt on verra les forêts abattues & les
marais deſſéchés. Les eaux ne ſeront plus
arrêtées dans leurs cours, & l'âpreté du
climat diminuera, par la ſuppreſſion des
cauſes qui concouroient à le rendre in-
habitable. Ce n'eſt point là une ſpécula-
tion vaine & abſtraite: les deux hémiſ-
phères nous en fourniſſent un grand
nombre de preuves. L'hiſtoire des révolutions de notre globe offre des milliers
d'exemples de changemens opérés, dans
les climats de pluſieurs contrées, par les
progrès ou la décadence de la population
& de l'induſtrie des peuples qui les ont
habités. La douceur du climat de l'Italie
diſparut quelque temps après que les barbares du Nord furent venus la dévaſter
par leurs mœurs & leurs lois, autant que
par leurs armes. La population & l'induſ-

trie, protégées en Hollande par les lois & par la liberté, ont adouci le climat rigoureux des anciens Bataves. Les mêmes caufes ont produit des effets femblables dans une grande partie de l'Allemagne, en Angleterre, & dans la Penfylvanie. Les héros, qui habitent cette dernière contrée, ont fu fe dérober avec autant de gloire aux rigueurs de leur climat, qu'aux oppreffions de leur métropole. Des lois fages peuvent donc quelquefois adoucir l'âpreté du climat ; elles peuvent toujours en corriger les effets, lorfqu'ils font dangereux : avec quelle étonnante facilité n'en pourront - elles pas profiter, lorfqu'ils feront utiles.

Dans nos climats tempérés, où la nature, au lieu de retarder le développement des facultés intellectuelles, ne tend au contraire qu'à l'accélérer avec force ; où la douce élafticité de l'air femble deftiner l'homme qui le refpire, à déployer rapidement fon activité tout entière ; où l'intelligence & la fenfibilité ne font enchaînées ni par cette tenfion & cette roideur des fibres que produit

l'excès du froid, ni par ce relâchement
exceſſif qui naît de l'extrême chaleur;
où l'énergie de la volupté, ſecondée par
la vigueur du corps, par les forces de
l'homme, par la fécondité des femmes,
porteroit la population à ſon plus haut
degré d'accroiſſement, ſi les cauſes morales ne rendoient en quelque ſorte inutile l'heureux concours de tant de cauſes
phyſiques; dans nos climats enfin, où
la douceur de la température offre un
théâtre immenſe aux créations de l'induſtrie, où toutes les ſortes d'arts & de
manufactures, ſoit qu'elles exigent les
efforts du génie, ſoit qu'elles n'aient
beſoin que de la vigueur ou de l'adreſſe,
peuvent être établies & entretenues avec
un ſuccès égal; dans de tels climats, les
lois auroient-elles même quelques difficultés à vaincre pour élever la population,
l'induſtrie, les arts, les manufactures, &
l'inſtruction publique, à ce point où ils
doivent être portés pour le bonheur des
hommes? Je l'ai dit; il n'eſt pas poſſible
de parvenir à ce but dans les pays très-
chauds ou très-froids, ſans employer des

moyens extraordinaires : mais dans nos climats, en Italie, par exemple, il suffiroit de détruire quelques obstacles. Heureux Législateurs de ces belles contrées, on ne vous demande que de légers efforts. C'est la nature elle-même qui a applani les routes par lesquelles vous pouvez conduire vos peuples à la félicité : mais vos lois les ont hérissées de ronces & de débris qui nous en interdisent l'accès. Rendez donc à l'action de la nature toute sa liberté, & laissez-lui le soin de perfectionner son ouvrage.

C'est ainsi que le Législateur peut profiter des effets du climat, lorsqu'ils sont utiles : voyons maintenant de quelle manière il doit les respecter, lorsqu'ils ne sont pas dangereux.

Parmi les divers effets du climat, il en est qui, par eux-mêmes, sont indifférens, soit pour le bien, soit pour le mal : contrarier en pareil cas la nature, c'est faire un effort qui, sans produire aucun bien, peut entraîner avec lui des conséquences fâcheuses.

Que le climat d'une nation, par exem-

ple, s'oppose à l'établissement de quelque genre d'industrie, de quelques arts,
de quelques manufactures; le Législateur
ne commettra - t - il pas une erreur dangereuse, s'il travaille à les encourager ?
Cette industrie, ces arts, & ces manufactures ne resteront-ils pas toujours
dans un état d'imperfection ? De quelle
utilité seront tous ces moyens pour ceux
qui en feront usage ? Tant de bras, sacri-
fiés à ces vaines occupations, ne pour-
roient-ils pas au contraire être employés,
avec plus de profit pour les ouvriers &
pour l'Etat, à cette espèce d'instustrie, à
ces manufactures, & à ces arts que sol-
licite la nature du climat ? l'excédant de
ces produits n'ameneroit-il pas, au sein de
la nation, les autres jouissances que le
climat lui refuse ? Les arts qui exigent
un feu violent & continuel, peuvent-ils
être d'un exercice utile dans un pays
très - chaud ; & les artistes dont les
ouvrages doivent être exécutés au grand
air, travailleront-ils avec succès dans des
pays très-froids ? Que penseroit-on d'un
Législateur qui voudroit établir dans le

Zanguebar des manufactures de cristal, ou des chantiers de marine sur les rivages glacés de la Laponie? Trop près ou trop loin de l'Equateur, l'homme devient incapable d'une foule de travaux qu'il exécuteroit sans peine dans un climat différent.

Non omnis fert omnia tellus.

On peut dire la même chose de l'homme. Ce seroit donc une bizarrerie non moins inutile que dangereuse de contredire la nature à cet égard. Que le Législateur remédie donc aux effets du climat lorsqu'ils sont nuisibles ; qu'il en profite s'ils sont utiles ; qu'il les respecte même s'ils ne sont pas dangereux ; qu'il imite la politique du Législateur des Hébreux, qui défendit à ce peuple de se nourrir de certains animaux, qui ordonna les purifications, le jeûne, & l'abstinence, mais ne prescrivit jamais, à des hommes qui vivoient sous un ciel embrasé, l'emploi de l'huile dans des alimens qu'elle auroit rendus pernicieux.

Je passe à l'autre objet du rapport des lois : la nature du sol.

CHAPITRE XV.

Cinquième objet du rapport des lois : la fertilité ou la stérilité du sol.

LES terres , considérées relativement à leur fertilité ou à leur stérilité, peuvent se diviser en trois classes. D'abord celles dont l'abondance est indépendante des grands efforts de l'homme ; celles qui ne rapportent qu'à proportion de l'industrie du cultivateur ; enfin celles dont aucune sorte de travail ne peut vaincre la stérilité , & que le malheureux habitant des campagnes arrose en vain de sa sueur. C'est sous ces différens aspects que le Législateur doit considérer le sol de sa nation. Dans le premier cas , il peut sans danger encourager les arts & les manufactures ; il restera toujours assez de bras pour exciter la fertilité naturelle du sol , & recueillir des fruits qu'il produit pour ainsi dire de lui-même.

Dans le second cas , au contraire , la

nature du terrain , rendant néceſſaire un grand nombre de cultivateurs , ſi les lois laiſſent trop ſe multiplier les artiſtes & les manufacturiers, cette révolution, qui ne peut avoir lieu qu'aux dépens de l'agriculture , fera ſupporter à l'Etat deux maux à la fois. Les produits de l'agriculture , première ſource des richeſſes d'une nation , en feront diminués , & les manufactures n'en auront retiré aucun avantage , parce qu'alors la cherté des denrées , produite , non point par un excès de conſommation , mais par un vide dans la production , nuit également & aux propriétaires des terres & aux manufacturiers ; & voilà l'erreur qu'on a ſi ſouvent reprochée à Colbert.

Enfin , dans la troiſième circonſtance , c'eſt-à-dire lorſque le ſol refuſe ſes productions à tous les travaux de l'homme, les lois doivent diriger l'activité des habitans vers les arts & le commerce. Quand la nature eſt avare, l'induſtrie doit ſavoir ſe créer de nouvelles reſſources. C'eſt ainſi qu'Athènes voyoit débarquer des tréſors ſur le rivage du Pyrée ; ainſi Tyr

& Sydon amenèrent l'abondance sur leurs côtes stériles ; ainsi, dans des temps plus voisins de notre âge , on a vu le Hollandois , sous un ciel nébuleux, & sur une terre mobile que la mer menace & lui dispute sans cesse, d'une main soutenir ses digues , & élever de l'autre l'édifice de sa grandeur , avec les produits de son industrie & de son commerce , dont la liberté , attachée à sa constitution , vient encore augmenter la valeur (1).

La nature du sol n'est donc pas une chose indifférente, quand il s'agit de donner des lois à une nation ; & il faut dire la même chose de sa situation locale & de l'étendue du pays qu'elle occupe.

---

(1) Ceux qui liront ce livre ne doivent pas être étonnés de me voir parcourir avec rapidité un si grand nombre d'objets , dont chacun semble demander un examen approfondi : les mêmes choses devant être développées dans le second livre de cet Ouvrage , il m'a suffi d'indiquer ici en général ce qui pouvoit donner une idée des principes qui dérivent du rapport des lois avec la nature du terrain.

CHAPITRE XVI.

Sixième objet du rapport des lois : la situation locale & l'étendue du pays.

Si la situation & l'étendue d'un pays influent nécessairement sur le genre d'industrie du peuple qui l'habite, ces deux causes doivent influer aussi sur le système de la Législation qui lui convient. Supposons qu'une nation soit située sur les bords de la mer ; qu'elle ait des ports, des canaux de communication ; qu'autour d'elle des nations sans arts, sans manufactures, soient obligées de recourir aux produits de son industrie ; supposons encore que son terrain ne puisse pas fournir aux besoins de ses habitans, à cause de son peu d'étendue ; voilà un état qui réunit tout ce qui paroît devoir exciter un peuple à être manufacturier & commerçant ; & c'est aux lois à seconder alors les vues de la nature.

Telle fut la Hollande, lorsque les

habitans des Provinces Unies, après avoir
secoué le joug de la domination espagnole, purent s'occuper de leurs vrais
intérèts. Leur pays, stérile & borné, ne
pouvoit fournir à leur subsistance : mais
il étoit libre ; & la mer, qui l'environnoit
& en couvroit une partie, versoit chez
eux les productions de tous les peuples,
& leur ouvroit toutes les routes de l'univers, en même temps qu'elle facilitoit la
communication intérieure. La Hollande
n'occupoit qu'un point en Europe : mais
cette Europe étoit encore ignorante.
Presque toutes les nations, divisées par la
guerre ou par leurs préjugés, se conten-
toient des productions d'une terre mal
cultivée, & des ressources d'un trafic
qui ne passoit jamais les limites de chaque
province.

Tout sembloit donc inviter, ou, pour
mieux dire, obliger les Hollandois à
devenir un peuple de manufacturiers &
de commerçans. Ils sentirent bien que le
commerce, qui, chez les autres nations,
n'est que d'un intérêt secondaire, devoit
être chez eux le plus ferme appui de
leur

leur liberté & le principal moyen de leur
fubfiftance. Sans terre, & par conféquent
fans productions, ils fe déterminèrent
donc à faire valoir celles des autres peuples; & c'eft dans la profpérité univerfelle qu'ils commencèrent à chercher la
leur. L'éducation, les maximes du Gouvernement, le fyftême des lois, tout fut
dirigé vers cet objet unique, & l'événement a prouvé la fageffe de leurs combinaifons.

Le concours des mêmes circonftances
fe préfente rarement. Lorfque Pierre le
Grand, ce Prince à qui il ne manqua,
pour faire beaucoup, que de moins entreprendre, conçut le projet d'encourager
tout à la fois en Ruffie les arts, les manufactures, le commerce; lorfque, pour faciliter & protéger ce commerce, il voulut
créer une marine formidable, il ne vit pas
que la fituation & l'étendue de fes Etats
s'oppofoient à fes vues. Et comment
le Souverain d'un Empire qui dans
fa plus grande étendue a deux mille
deux cents lieues de longueur fur une
largeur de huit cents, d'un Empire dé-

peuplé, au point de ne compter que six habitans par chaque lieue carrée, pouvoit-il, sans anéantir l'agriculture, enlever tant d'hommes à la terre, pour en faire des artistes, des manufacturiers, des matelots ? Mais quand même la population de ses Etats auroit été proportionnée à leur étendue, & que ces deux circonstances auroient pu permettre un pareil sacrifice, la situation locale de la Russie suffisoit pour rendre inutiles tous les projets du Czar. Elle a peu de côtes ; la plupart sont désertes, plusieurs inaccessibles : elle manque de ports ; Cronstadt même, le port de Péterfbourg, est un des moins considérables, un des moins sûrs de l'Europe ; & les deux mers qui baignent ce vaste Empire, sont, comme l'on sait, très-peu favorables à la navigation & au commerce.

A ces considérations il falloit ajouter encore celles du voisinage de l'Angleterre, de la Hollande, du Danemarck ; & tout prouvoit alors à Pierre I, que *le commerce de propriété* & de *productions* étoit le seul qui convînt à cette grande

Monarchie, & qu'il falloit abandonner à ſes voiſins le *commerce de revente.*

C'eſt la concurrence ſur-tout, & la concurrence la plus illimitée, que le Czar devoit faire naître ; & c'eſt préciſément ce qu'il négligea. Pendant un ſiècle, le commerce de la Ruſſie a été preſque excluſivement entre les mains des Anglois ; & dans les achats comme dans les ventes, ce ſont eux qui ont fait la loi aux Ruſſes. Si, au lieu de vouloir former une marine marchande, Pierre I avoit invité les Danois, les Hollandois, & même les nations du Midi, à venir partager avec les Anglois les avantages de ce commerce ; la Ruſſie auroit gagné dans ſes ventes, & n'auroit pas perdu dans ſes achats.

Mais rien ne put lui faire abandonner ſon entrepriſe. Il voyoit la Hollande briller ſous les auſpices de ſa marine, & il ne douta point qu'avec les mêmes moyens, & indépendamment de la diverſité des circonſtances, il ne réuſſît à procurer les mêmes avantages à ſon pays.

Cette funeste ignorance dans l'art d'observer & de combiner les rapports des choses, le plus intéressant de tous les arts pour les administrateurs, se fit malheureusement apercevoir pendant tout le règne de ce Prince : aussi fut-il plus brillant, qu'utile pour ses sujets. Quels avantages en effet leur a-t-il procurés ? L'on parle encore du génie de Pierre I, de ses longs travaux, de ses voyages : à quoi fit-il servir tout cela ? Il s'épuisa sur de petites réformes, & les grandes erreurs d'administration devinrent plus difficiles à détruire. La Russie eut quelques artistes, quelques pilotes, & un petit nombre de manufactures ; mais la misère générale en devint plus sensible. Il voulut commencer par où il auroit dû finir. Il chercha à polir sa nation, avant de l'arracher à la misère; il travailla à changer ses mœurs, avant de corriger sa constitution ; & il ne sentit pas qu'il étoit impossible de faire naître un peuple de Hollandois ou d'Anglois dans un pays de despotisme & au milieu des chaînes de la féodalité.

Voilà pourquoi ses travaux, son zèle, & ses voyages ne furent utiles qu'à Pétersbourg : en embellissant cet ouvrage chéri de ses mains, il ne fit autre chose que rappeler à la mémoire des hommes l'idée de ce colosse monstrueux qui avoit une tête d'or & des pieds d'argile. Règle générale : avant de rien entreprendre, fixons le point d'où il faut partir, & observons la nature, pour ne pas la contrarier. D'après ce principe, la situation d'un pays, son étendue, la nature de son terrain font trois objets importans que le Législateur ne doit jamais perdre de vue en travaillant à un nouveau Code de lois ; & c'est ici sur-tout que la plus petite erreur peut en produire une très-grande relativement aux intérêts des nations, & par conséquent au système de leur Législation économique.

Toutes ces vérités, que je ne fais qu'indiquer ici, afin d'en déduire des principes généraux, seront développées dans le second livre de cet Ouvrage. Je crains sans cesse de ne dire plus de choses qu'il ne faut, & cela me fait regretter à chaque inftant une foule d'idées qui fe préfentent : c'eft un facrifice que je fais à la précifion qu'on exige de tout Ecrivain ; mais ce facrifice exige de grands efforts. Dans le nombre des vérités que j'aurois voulu démontrer dans ce chapitre, dont l'objet eft d'examiner le rapport des lois avec l'étendue d'un Etat, il en eft une fur-tout qui fe lioit naturellement à mon fujet, & qui pouvoit y jeter le plus grand intérêt ; c'eft la poffibilité de tracer un ex-cellent plan de Légiflation, même pour le plus vafte Empire de la terre.

C'eft une opinion affez générale, que le Gouvernement defpotique eft le feul qui convienne aux Empires d'une grande étendue, & que le problême de la meilleure Légiflation ne peut fe réfou-dre que dans de très-petits Etats. Le plus grand nombre des politiques moder-nes a été entraîné à ce fujet, par l'au-torité de Montefquieu, & une fauffe expérience, en donnant à cette erreur un air de vérité, a achevé de les fé-duire.

La grande étendue d'un pays exclura donc les bienfaits d'une sage Législation? Les Empires considérables feront donc, par une fatalité nécessaire, destinés à languir sous le joug du despotisme? Certes, cette opinion est trop affligeante, pour que les amis de l'humanité ne s'efforcent pas de la détruire : c'est à l'auguste Législatrice du Nord à la combattre par des faits. Si son Code ne répondoit pas à l'attente de l'Europe & au zèle de cette Souveraine, s'il alloit former au contraire une nouvelle preuve en faveur de l'opinion de ces politiques; qu'ils se rappellent l'immense étendue de la Chine, & les éloges qu'eux-mêmes ont si souvent donnés à la modération de son Gouvernement & à la sagesse de ses lois.

CHAPITRE XVII.

Septième rapport des lois : la religion de l'Etat.

IL n'est point d'objet dont les grands Législateurs se soient plus profondément ment occupés que du rapport des lois avec la religion d'un pays.

Si nous remontons à l'enfance des nations, nous ne trouverons, dans les fausses religions, qu'un culte, mais point de dogmes. On érigeoit un autel, on immoloit une victime, on faisoit quelques libations pour implorer le secours du ciel ou pour appaiser sa colère. Voilà ce que les peuples naissans appeloient religion.

Dans la suite, ils commencèrent à croire que les dieux devoient un jour récompenser la vertu & punir le crime ; mais leurs idées sur le crime & sur la vertu étoient vagues, & souvent fausses. La religion leur ordonnoit quelquefois ce que

la morale leur défendoit ; & celle - ci
fembloit commander ce que la religion
ne vouloit pas. Preffés ainfi par deux
forces oppofées , environnés d'erreurs ,
& diftinguant à peine le crime de la
vertu , & le bien du mal , il fallut que
les lois vinffent interpofer leur autorité,
& leur enfeignaffent ce qu'ils devoient
refpecter & ce qu'ils devoient fuir (1).
Certainement ce n'étoient point les dieux
abominables du paganifme qui pouvoient

------

(1) Lorfque le refpect pour les anciens ufages , ou la
fimplicité des mœurs , ou la fuperftition a établi , dans
une République , des myftères ou des cérémonies contraires à la pudeur, alors , dit Ariftote (*Politiq. lib.* 7 ,
cap. 17.) la loi doit permettre que les pères de famille
aillent feuls au temple célébrer ces myftères pour leurs
femmes & pour leurs enfans. Suétone (*in Augufto. cap.* 31)
rapporte qu'Augufte défendit à la jeuneffe des deux séxes
d'affifter à aucune cérémonie nocturne, & , en réta-
bliffant les Lupercales, enjoignit aux jeunes gens de ne
pas s'y montrer nus. Nous favons d'ailleurs que les lois
qui permettoient aux étrangers d'honorer Cybèle avec les
cérémonies phrygiennes , défendoient aux Romains ces
mêmes cérémonies , & que chez eux les fêtes de la grande
Déeffe n'avoient rien d'obfcène.

prefcrire aux hommes une morale pure: Rien n'en étoit plus éloigné que les actions qu'on leur attribuoit. Leur culte portoit l'empreinte des folies & des crimes qu'une aveugle ftupidité avoit confacrés à la vénération publique, avec les monftres fantaftiques qui les avoient commis. C'étoit un devoir de religion, pour le Grec & le Romain, de croire aux oracles & aux fonges, de régler fes actions d'après les réponfes de la Pythie, le vol des oifeaux, & l'appétit des poulets facrés ; il devoit refpecter les obfervations des Augures & des Arufpices : mais la religion lui prefcrivoit-elle de même d'être jufte, fobre, & chafte ? Lorfque le payen honoroit, comme le père des dieux, le ravifeur d'Europe & de Ganimède ; lorfqu'il voyoit des hommes, fouillés des crimes les plus honteux, devenir l'objet d'une apothéofe ; lorfque les emblêmes de Vénus, de l'Amour, & des Grâces, expofés à fes regards, faifoient couler le feu dans fes veines & embrafoient fon ame de toutes les

ardeurs de la volupté ; lorfque, pour honorer l'infame dieu des jardins , ou l'obfcène divinité de Cythère & d'Ama-
thonte , il ne falloit leur offrir d'autre
culte que l'ivreffe de l'amour , d'autre
encens que l'heroïfme du plaifir , d'autres facrifices que ceux de la pudeur ;
lorfque le crédule payen ne voyoit enfin
autour de lui que des divinités protectrices des crimes & des plaifirs des fens :
quels fecours fes mœurs pouvoient-elles
tirer de fa religion ? Loin de les protéger ,
elle les anéantiffoit. Les lois devoient
donc être leur feul appui. C'étoit à leur
fageffe de réparer les maux que caufoit
la religion. S'il eût été queftion de la
détruire , il eft aifé de fentir tout ce
qu'une pareille entreprife eût exigé de
combinaifons de la part d'un Légiflateur : à cet égard , fes travaux font
devenus infiniment moins difficiles de
nos jours.

L'Europe profeffe une religion dont
les préceptes , conformes à ceux de la
morale la plus pure , refferrent les liens

de la société & maintiennent l'ordre public ; qui, aux menaces des lois contre les crimes, joint celles d'un juge équitable, pour lequel il n'eſt point de ténèbres, ni de ſecret domeſtique ; qui maîtriſe les paſſions & les dirige vers un objet utile ; qui ſurveille non ſeulement les paſſions, mais encore les déſirs & les penſées ; qui unit le citoyen au citoyen, & le ſujet au Souverain ; qui fait tomber le glaive des mains de l'offenſé & ordonne à la loi de s'en ſaiſir, pour venger ſon offenſe ; qui enfin preſcrit un culte, & des pratiques religieuſes, mais permet d'en diſpenſer pour des raiſons d'Etat. Avec une religion ſemblable, que reſte-t-il à faire aux lois ? Rien, que de la défendre contre les atteintes de l'incrédulité & de la ſuperſtition, & de conſerver ſa pureté, qui peut être également altérée & par ſes ennemis & par des Miniſtres peu éclairés. Ainſi, l'on préviendra ſes abus, & les hommes n'auront plus que des bienfaits à attendre d'elle.

Voilà ce qui diſtingue eſſentiellement les rapports des lois avec les fauſſes religions, de leurs rapports avec le vrai culte.

Les principes qui dérivent de ces premiers rapports, sont toujours des principes de correction ; ceux qui naissent des autres , ne peuvent être que des principes de simple protection. Car servir utilement la religion parmi nous , ce n'est jamais que prévenir ses abus. Un corps de lois , par exemple , qui régleroit le nombre des ecclésiastiques d'après les véritables besoins de la religion ; qui empêcheroit les uns de se corrompre dans l'opulence , & les autres de s'avilir dans la misère , en enlevant aux premiers des richesses qui peuvent être plus utilement employées , en dérobant les seconds aux humiliations de la mendicité , & en assignant à chacun, comme on le verra dans un autre endroit de cet Ouvrage, un salaire proportionné à l'ordre où il se trouve placé dans la hiérarchie , à ses travaux & à sa dignité ; ce corps de lois , dis-je, feroit disparoître tous les abus dont la religion est souillée ; il seroit son plus ferme appui, comme le garant de sa sûreté,

& il raffermiroit fur la même bafe le bonheur de l'Etat & la majefté de la religion. Il eft aifé de voir en effet qu'en réduifant les eccléfiaftiques à un nombre déterminé, il ne feroit plus fi difficile de voir le facerdoce honoré par des mœurs pures & par toute la perfection qu'il exige. Alors, du fond du fanctuaire, on verroit fortir une foule d'hommes qui, rendus à l'agriculture & aux arts, cefferoient d'être à charge à l'Etat. Le nombre des célibataires ainfi diminué, l'on ne verroit plus tant de mains impures fe pofer fur l'autel du Seigneur; la paix des familles, l'honnêteté conjugale n'auroient plus tant à redouter des crimes qui déshonorent un état de fainteté; & la population fe reffentiroit moins du facrifice qui leur eft ordonné.

L'excès des richeffes d'un côté, & de l'autre l'extrême pauvreté, éloignés à la fois par cette réforme, les gens d'églife n'irriteroient plus les hommes par leur fafte, & n'exciteroient plus le mépris public par leur mifère. Lorfque la nation aura pourvu à leurs befoins , lorfqu'ils pourront tous fe paffer d'aumônes particulières , leur bouche , qui ne doit s'ouvrir que pour annoncer les vérités de la morale & les dogmes de la religion , n'ira plus s'avilir à mendier une fubfiftance que l'Etat leur doit , puifqu'ils le fervent. La parole de Dieu fera entendue avec recueillement , parce qu'on ne craindra plus de la voir fervir de prétexte aux demandes importunes de fes ferviteurs ; & l'on verra s'enfuir loin du fanctuaire l'impofture & la fuperftition, parce qu'elles ne pourront plus devenir une fource de richeffes.

Voilà comment la religion chrétienne devroit être protégée ; & tels font les principes généraux qui dérivent du rapport des lois avec elle. Pour ne pas tomber dans des répétitions inutiles , je me réferve de développer ces mêmes principes , & d'en examiner d'autres moins généraux dans le fixième livre de cet Ouvrage , deftiné à expofer les lois qui concernent la religion.

CHAPITRE XVIII.

*Huitième & dernier objet du rapport des lois :
la maturité d'un peuple.*

Tous les peuples ont eu leur enfance;
on les a vus pendant long-temps se traîner autour de leur berceau, avant d'avoir
la force de s'en éloigner. Durant ce période de langueur & de foiblesse , les
lois portent l'empreinte de cette imperfection de l'esprit humain. L'inconsé-
quence & la légereté du premier âge
percent dans leurs institutions , comme
elles se manifestent dansleur manière de
penser, dans leurs usages , & dans leur
culte.

Parvenus au point où commence la
puberté , leurs corps se développent,
s'accroissent, & une sorte d'effervescence
annonce la jeunesse, qui arrive bientôt
dans toute sa vigueur. Alors tout devient
facile pour eux ; il n'est rien qu'ils n'en-
treprennent

treprennent ; l'orgafme dans lequel font, pour ainfi dire, toutes leurs fibres, les tourmente du befoin d'agir. Pour les Etats, ainfi que pour l'homme, c'eft l'âge des paffions, des défirs, des efpérances, & des dangers ; ils fe livrent à l'induftrie qui les enrichit ou les perd, aux conquêtes qui les agrandiffent ou les détruifent. Ici commence la maturité des peuples : c'eft à cette époque qu'il faut refaire leurs lois.

Tant que dure l'enfance des nations, celle de leur Légiflation dure auffi, parce qu'elle eft conforme à l'ordre des chofes qui fubfifte chez elles. Bientôt l'action devient un befoin, les événemens fe fuccèdent avec rapidité : des alliances, des conquêtes, de nouvelles richeffes changent la face des fociétés, forment chaque jour pour elles de nouveaux rapports, & établiffent de nouveaux intérêts. Ce n'eft pas dans ces circonftances qu'elles peuvent s'occuper de la deftruction fubite de l'ancien fyftême de lois ; cette grande entreprife doit être réfervée pour des temps plus heureux, pour l'inftant où

Tome I. S

leur fort commencera à fe fixer. Jufques-
là, ce fera bien affez fi elles favent, par
une adminiftration prudente, remédier
aux vices de leurs lois, & les adapter aux
circonftances avec le plus de perfection
qu'il fera poffible.

Ce temps de calme où le fort d'un
peuple commence à fe fixer, où il eft
poffible de déterminer avec exactitude
quels font fes véritables intérêts, où ceux
qui le gouvernent peuvent démêler fans
peine les matériaux les plus propres à
établir les fondemens d'une profpérité
publique, d'autant plus durable, qu'elle
viendra à la fuite d'un plus grand nombre
d'événemens heureux; ce temps, dis-je,
eft celui de la maturité d'un peuple : alors
il peut entreprendre la réforme de fes
lois.

La plus grande partie des nations de
l'Europe eft parvenue à cette époque
heureufe : mais ont-elles agi avec toute
l'énergie que leur fituation leur permettoit de déployer ?

Hélas ! les Codes de l'Europe font
encore ceux de fon enfance. Des lois

faites il y a plus de dix siècles , des lois qui furent établies pour des peuples pasteurs ou nomades , gouvernent encore les peuples les plus civilisés de la terre (1). On a cru devoir faire, de loin en loin, quelques changemens dans ces Codes ; mais les nouvelles lois étoient, pour ainsi dire , calquées sur les anciennes , dont la foiblesse des Gouvernemens n'osa jamais abandonner les traces : on a mêlé toutes ces lois, pour n'en faire plus qu'un seul corps ; & l'on a donné le nom de Jurisprudence à une sorte de *mosaïque* barbare , à une masse informe , dont toutes les parties se sont entassées successivement , sans liaison & sans rapport les unes avec les autres.

Tels sont les monumens élevés à la justice chez la plus grande partie des peuples de l'Europe, & telle est l'indifférence avec laquelle les Souverains se sont occupés de la Législation de leurs Empires. Faut-il

---

(1) Il suffit de connoître un peu la jurisprudence actuelle de l'Europe , pour ne pas regarder ceci comme une exagération.

donc s'étonner, d'après cela, que leur prospérité ait été si précaire, & qu'à leur maturité ait succédé bientôt une décrépitude qui les approche de la mort ?

Peuples, ne désespérez pas cependant: le temps de corriger vos longues erreurs n'a pas disparu pour vous sans retour. Vos Gouvernemens ont laissé passer, il est vrai, cette époque favorable où une force secrète & puissante mûrit les institutions politiques, & donne aux lois tout leur développement : mais regardez autour de vous ; il n'est pas rare aujourd'hui de trouver de la sagesse, des talens, & l'héroïsme du bien public, dans ceux qui vous gouvernent. Voyez combien de secours ils peuvent recevoir de la philosophie, combien leur zèle peut être éclairé par ces ouvrages immortels que le génie a consacrés à la félicité publique ; voyez enfin combien peu de préjugés ils ont aujourd'hui à combattre dans les hommes. L'opinion publique est fixée ; elle a prononcé son jugement contre les maux de toute espèce qui attaquent la société, en blessant les droits de chaque individu.

C'eſt ce concours de circonſtances qui leur offrira les moyens d'élever un nouvel édifice : qu'ils ſachent vouloir ſeulement , qu'ils appellent auprès du trône les miniſtres de la vérité ; & la raiſon de leur ſiècle leur apprendra bientôt à faire diſparoître à jamais juſques aux traces de l'ignorance & de l'oubli coupable de leurs prédéceſſeurs : alors les nations régénérées par eux leur devront même l'immortalité (1).

––––––––––––––––––––––––––––

(1) Je pourrois dire à ce ſujet ce que Démoſthène diſoit aux Athéniens pour les raſſurer ſur l'état déplorable de leurs affaires. « Athéniens , quelque funeſte que » vous paroiſſe votre ſituation , la ſource de vos malheurs doit être aujourd'hui celle de vos eſpérances : » tous vos maux ne viennent que de votre négligence » dans les affaires publiques , & c'eſt là préciſément ce » qui doit ranimer votre courage. Si , après vous être » conduits avec le zèle & la prudence néceſſaires , » vous aviez pu vous trouver dans la ſituation actuelle , » c'eſt alors que vous auriez été perdus ſans reſſource ». (Voyez *Demoſthène dans ſa première Philippique.*) L'état de notre Légiſlation nous fait voir de même que tous les maux auxquels nous ſommes expoſés ne ſont point néceſſaires de leur nature. Corrigeons nos lois , & ils diſparoîtront bientôt.

C'eſt avec tant de juſtes motifs d'eſpérance que je termine cette partie de mon Ouvrage, dans laquelle je n'ai fait que montrer les règles générales de la Science de la Légiſlation. En développant les principes généraux de *la bonté abſolue* des lois, & de leur *bonté relative*; en examinant les objets qui conſtituent ces rapports, & déduiſant de ces rapports eux-mêmes la cauſe de la différence qui doit exiſter dans l'état des nations, & par conſéquent dans le ſyſtême de leurs lois, je n'ai obſervé que l'enſemble & la ſurface de cet immenſe édifice : il eſt temps de conſidérer les détails. Dans ces nouvelles recherches, les lois politiques & économiques fixeront d'abord notre attention : ce ſera l'objet de la ſeconde partie de cet Ouvrage.

Fin du Tome premier.

APPROBATION.

J'AI lu, par ordre de Monseigneur le Garde des Sceaux ,
un Manuscrit intitulé *La Science de la Législation* , traduit
de l'Italien : je pense que l'impression en peut être permise.
A Paris , le 9 Décembre 1785. CAMUS.

en vente , le manuscrit qui aura servi de copie à l'impreſſion
dudit Ouvrage, ſera remis dans le même état où l'Approbation
y aura été donnée, ès mains de notre très-cher & féal Chevalier, Garde des Sceaux de France , le ſieur HUE DE MIROME-
NIL, Commandeur de nos Ordres ; qu'il en ſera enſuite remis
deux exemplaires dans notre Bibliothèque publique , un dans
celle de notre Château du Louvre, un dans celle de notre très-
cher & féal Chevalier , Chancelier de France , le ſieur DE
MAUPEOU, & un dans celle dudit ſieur HUE DE MIROMENIL.
Le tout à peine de nullité des Préſentes ; du contenu deſquelles
vous mandons & enjoignons de faire jouir ledit Expoſant & ſes
ayans cauſe pleinement & paiſiblement , ſans ſouffrir qu'il leur
ſoit fait aucun trouble ou empêchement. Voulons que la copie
des Préſentes, qui ſera imprimée tout au long au commencement
ou à la fin dudit Ouvrage, ſoit tenue pour dûment ſignifiée,
& qu'aux copies collationnées par l'un de nos amés & féaux
Conſeillers-Secrétaires, foi ſoit ajoutée comme à l'original. Com-
mandons au premier notre Huiſſier ou Sergent ſur ce requis, de
faire pour l'exécution d'icelles tous actes requis & néceſſaires,
ſans demander autre permiſſion , & nonobſtant clameur de Haro,
Charte Normande, & Lettres à ce contraires. CAR tel eſt notre
plaiſir. Donné a Paris, le vingt-unieme jour du mois de Décembre, l'an de grace mil ſept cent quatre-vingt-cinq, & de notre
Regne le douzieme. Par le Roi en ſon Conſeil.

LE BEGUE.

*Regiſtré ſur le Regiſtre XXII de la Chambre Royale &
Syndicale des Libraires & Imprimeurs de Paris, n°. 497, fol.
475, conformément aux diſpoſitions énoncées dans le préſent
Privilége, & à la charge de remettre à ladite Chambre les neuf
exemplaires preſcrits par l'Arrêt du Conſeil du 16 Avril 1785.
A Paris, le 10 Janvier 1786.*

LE CLERC, Syndic.